Riassunto delle Storie dei Profeti di Ibn Kathir

di Ibn Kathir

Traduzione e Editing di

Hussein Elasrag

Riassunto delle Storie dei Profeti di Ibn Kathir

Un capolavoro eterno della letteratura islamica: le "Storie dei Profeti" di Ibn Kaṯīr narrano le vite affascinanti dei messaggeri divini – da Adamo a Noè, Abramo, Mosè, Gesù fino a Maometto (pace su tutti loro). Basato sul Corano e sugli hadith autentici, il libro rivela miracoli, prove, trionfi e lezioni su fede, pazienza e saggezza divina.

Questo riassunto compatto porta all vita l'essenza dei viaggi profetici: la creazione di Adamo, l'arca di Noè, il sacrificio di Abramo, i miracoli di Mosè, l'ascesa di Giuseppe dal profondo e altro ancora. Ideale per i lettori che cercano ispirazione spirituale e profondità storica.

«La più bella delle storie è la storia di Giuseppe» (Corano, Sure Giuseppe: 3) – scopri la saggezza che ha plasmato generazioni.

Progettato per il lettore contemporaneo: autentico, accessibile, ispiratore.

Editing e Traduzione del Riassunto: Nota del Curatore

Lode ad Allah, Signore dei Mondi, e pace e benedizione su nostro signore Muhammad, sulla sua famiglia e sui suoi Compagni tutti.

Il libro "Storie dei Profeti" di Al-Ḥāfiẓ Abū l-Fidā᾽ Ismā῾īl ibn Kaṯīr (m. 774 E.) è uno dei capolavori letterari e storici più eminenti del patrimonio islamico. Racconta le vite dei profeti e messaggeri – pace su di loro – basandosi sul Corano e sulla nobile Tradizione Profetica, supportato da tafsīr e narrazioni affidabili. Questo libro non è solo un racconto storico, ma lezioni su fede, pazienza e saggezza divina, che ispirano generazioni attraverso i secoli.

Questo riassunto è un lavoro derivato, conciso e curato per una lettura rapida e riflessione, che preserva l'essenza dell'originale senza sminuire i suoi significati o contesti. Non è inteso come traduzione completa del libro, ma come sintesi studiata che si concentra sulla sequenza drammatica di ogni storia profetica, con fedeltà ai testi coranici e agli hadith autentici. Particolare enfasi è posta sulla narrazione dettagliata della storia di Yūsuf (pace su di lui), come nella nobile Sure, data la sua importanza nella cultura islamica come simbolo di prova e sollievo.

Attribuzione e Editing:

Fonte Originale: Il contenuto è un riassunto di "Storie dei Profeti" di Al-Ḥāfiẓ Ibn Kaṯīr, con costante riferimento agli ayat e hadith da fonti affidabili (come tafsīr di at-Ṭabarī e Ibn Kaṯīr stesso per gli ayat, e Ṣaḥīḥ al-Buḫārī e Muslim per gli hadith).

Curatore/Traduttore Nuovo: Questo riassunto è stato curato e tradotto da Hussein Elasrag, che ha condensato i testi, li ha organizzati in fasi narrative accattivanti e aggiunto brevi chiarimenti per facilitare la comprensione, con cura per l'accuratezza linguistica e culturale. Questo lavoro non rivendica complete originalità, ma è una riformulazione creativa al servizio del lettore contemporaneo, incoraggiando la lettura dell'originale per approfondimenti ulteriori.

Se è giusto, è da Allah; e se è sbagliato, è da me stesso.

E lode ad Allah per la grazia dell'Islam.

[Data di Editing: 17 ottobre 2025]

[Curatore: Hussein Elasrag]

Indice

Riassunto delle Storie dei Profeti di Ibn Kathir........................2

Editing e Traduzione del Riassunto: Nota del Curatore 4

Indice...7

Capitolo: Quanto tramandato sulla Creazione di Adamo (Pace sia su di lui)...9

Erwähnung des Streits zwischen Adamo e Mūsā (Pace sia su di loro)...34

Erwähnung di Idrīs (pace sia su di lui) 46

Storia di Nūḥ (pace sia su di lui)...50

Storia di Hūd (pace sia su di lui) 58

Storia di Ṣāliḥ (pace sia su di lui) 64

Storia di Ibrāhīm al-Ḫalīl (pace sia su di lui) 69

Storia di Lūṭ (pace sia su di lui)...77

Storia di Midian 82

Erwähnung di Ismāʿīl (pace sia su di lui)................................87

Erwähnung degli eventi meravigliosi nella vita di Isra'īl, tra cui:

Storia di Yūsuf ibn Rāḥīl...93

Storia di Ayyūb (pace sia su di lui)..98

Storia di Ḏū l-Kifl 101

Capitolo: Erwähnung dei popoli distrutti in generale 102

Storia di Yūnus (pace sia su di lui) 104

Erwähnung der Geschichte von Mūsā al-Kalīm (pace sia su di lui) 106

Erwähnung der Geschichten von al-Ḫiḍr e Ilyās (pace sia su di loro)...110

Quanto riguarda Ilyās (pace sia su di lui)............................113

Storia di Dāwūd (pace sia su di lui).....................................116

Storia di Zakariyyā e Yaḥyā (pace sia su di loro).................119

Storia di ʿĪsā ibn Maryam...122

Bismillāhi r-raḥmāni r-raḥīm

Capitolo: Quanto tramandato sulla Creazione di Adamo (Pace sia su di lui)

Allah, l'Altissimo, disse:

[2 / al-Baqara: 30–39]

Traduzione italiana (Hamza Roberto Piccardo):

E quando il tuo Signore disse agli Angeli: «Porrò un vicario sulla terra» 1 , essi dissero: «Metterai su di essa qualcuno che vi spargerà la corruzione e vi verserà il sangue, mentre noi Ti glorifichiamo lodando-Ti e Ti santifichiamo?». Egli disse: «In verità Io conosco quello che voi non conoscete...». E insegnò ad Adamo i nomi tutti, poi li mostrò agli Angeli e disse: «InformateMi dei nomi di costoro, se siete veridici». Dissero: «Glorificato e Altissimo sei Tu! Non conosciamo nulla di ciò che ci hai insegnato. In verità Tu sei il Sapiente, il Saggio». Disse [Iddio]: «O Adamo, informa-li dei loro nomi». E quando li ebbe informati dei loro nomi, disse: «Non vi ho detto: "In verità conosco l'invisibile dei cieli e della terra e conosco quello che voi rivelate e quello che celavate"». E quando dicemmo agli Angeli: «Prostratevi ad Adamo», si prostrarono, eccetto Iblis che si rifiutò, fu arrogante e fu uno dei miscredenti. E dicemmo: «O Adamo, abita tu e tua moglie nel Paradiso e mangiatevi a vostro piacere ovunque vogliate, ma non avvicinatevi a quest'albero, altrimenti sarete tra gli empi». Ma Satana li fece inciampare, facendoli cadere da quanto godevano, e dicemmo: «Scendete, nemici gli uni degli altri! Avrete nella terra un soggiorno e un godimento per un tempo». Poi Adamo ricevette dal suo Signore parole e se ne compiacque: Egli è Colui che accoglie il pentimento, il Misericordioso. Dicemmo: «Scendete di qui tutti insieme! Se vi giungerà da Me una guida, coloro che seguiranno la Mia guida non avranno nulla da temere e non saranno afflitti». E coloro che miscredono e smentiscono i Nostri segni, quelli sono i compagni del Fuoco, in esso dimoreranno in perpetuo.

E Egli disse, l'Altissimo: [3 / Āl ʿImrān: 59]

Traduzione italiana (Piccardo):

In verità, presso Allah, il paragone di Gesù è come il paragone di Adamo: Egli lo creò dalla polvere, poi gli disse: «Sii», ed egli fu.

E Egli disse, l'Altissimo: [4 / an-Nisāʾ: 1]

Traduzione italiana (Piccardo):

O uomini, temete il vostro Signore che vi ha creati da un unico essere e da esso ha creato la sua sposa e da entrambi ha fatto discendere molti uomini e molte donne. Tem ete Allah, per il quale vi chiedete l'un l'altro i diritti, e [temete di rompere i legami di] parentela. Allah vi osserva.

E come Egli disse: [49 / al-Ḥuğurāt: 13]

Traduzione italiana (Piccardo):

O uomini, vi abbiamo creati da un maschio e una femmina e abbiamo fatto di voi popoli e tribù perché vi conosceste a vicenda. In verità, il più nobile di voi presso Allah è il più timorato. In verità, Allah è Sapiente, Ben Informato.

E Egli sagte, l'Altissimo: [7 / al-Aʿrāf: 189]

Traduzione italiana (Piccardo):

Egli è Colui che vi ha creati da un unico essere, e da esso ha tratto la sua sposa, affinché egli trovasse in lei conforto. E quando la coprì, ella concepì un peso leggero, che portò, poi, quando si aggravò, invocarono entrambi il loro Signore: «Se ci darai un figlio retto, saremo tra i riconoscenti».

E Egli sagte, l'Altissimo: [7 / al-Aʿrāf: 11–25]

Traduzione italiana (Piccardo):

E vi abbiamo creati, poi vi abbiamo formati, poi abbiamo detto agli Angeli: «Prostratevi ad Adamo», e si prostrarono, eccetto Iblis che non fu tra i prosternati. Disse [Dio]: «Cosa ti ha impedito di prosternarti, quando te l'ho ordinato?». Disse: «Io sono migliore di lui. Mi hai creato dal fuoco, mentre hai creato lui dalla creta». Disse: «Scendi da qui! Non ti si addice essere arrogante qui. Esci! Sei tra gli umiliati!». Disse: «Concedimi un rinvio fino al giorno in cui saranno risuscitati». Disse: «Sei tra i rinviati». Disse: «Per il fatto che mi hai indotto in errore, certo che mi metterò sul Tuo sentiero diritto e li assalirò alle spalle, di fronte, dalla destra e dalla sinistra, e troverai la maggior parte di loro ingrati». Disse: «Esci da qui maledetto e respinto! Chi di loro ti seguirà, certo che riempirò la Geenna di voi tutti! E o Adamo, abita tu e tua moglie nel Paradiso e mangiatevi a vostro piacere ovunque vogliate, ma non avvicinatevi a quest'albero, altrimenti sarete tra gli empi». Ma Satana li fece inciampare, facendoli cadere da quanto godevano, e dicemmo: «Scendete, nemici gli uni degli altri! Avrete nella terra un soggiorno e un godimento per un tempo».

Und so ist die Geschichte von Adamo (Pace sia su di lui) in den edlen Ayat detailliert, und wir haben darüber in der Tafsir gesprochen. Hier fassen wir zusammen, was diese Ayat andeuten, und was damit verbunden ist aus den Hadithen.

Allah, l'Altissimo, annunciò agli Angeli: "In verità, lo pongo un vicario sulla terra", per informarli di ciò che voleva creare da Adamo e dalla sua discendenza, che si succedono l'uno all'altro, come disse: "Egli vi ha fatti vicari sulla terra" [e disse: "E vi ha fatti vicari sulla terra"]. Lo annunciò loro nel modo dell'annuncio di un grande evento prima che accada. Dissero gli Angeli, chiedendo il significato della saggezza, non in modo di contraddizione o di diminuzione per i figli di Adamo o di invidia per loro, come alcuni esegeti ignoranti hanno assunto: "Metterai su di essa qualcuno che vi spargerà la corruzione?"

Si dice, lo seppero perché lo videro da quelli prima di Adamo tra i jinn, come disse Qatāda.

E ʿAbdullāh ibn ʿUmar disse: I jinn erano lì duemila anni prima di Adamo e versavano sangue, allora Allah mandò un esercito di Angeli contro di loro, che li cacciò nelle isole dei mari.

E da Ibn ʿAbbās simile. E da al-Ḥasan: Furono ispirati.

Si dice: Perché lo seppero dalla Tavola Preservata. Si dice: Harūt e Mārūt lo mostrarono loro da un re sopra di loro chiamato al-Saǧǧāl. Tramandato da Ibn Abī Hātim da Abū Ǧaʿfar al-Bāqir.

Si dice: Perché sapevano che dalla terra non si crea altro che qualcosa che è per lo più così.

"E noi Ti glorifichiamo lodando-Ti e Ti santifichiamo" – significa, Ti serviamo sempre, nessuno di noi ti disobbedisce. Se lo scopo di questa creazione è che Ti adorino, eccoci, non riposiamo né di notte né di giorno.

Disse: "In verità, Io conosco quello che voi non conoscete" – significa, Io so del beneficio prevalente nella creazione di questa, più di quanto sappiate, cioè tra loro ci saranno profeti e messaggeri e veridici e martiri [e retti].

Poi lo informò della onore di Adamo davanti a loro nella conoscenza e disse: "E insegnò ad Adamo i nomi tutti". Ibn ʿAbbās disse: Sono questi nomi con cui le persone si conoscono: uomo, animale, terra, pianura, mare, montagna, cammello, asino e simile da popoli e altro.

Muǧāhid disse: Gli insegnò il nome del rotolo, del potere, fino al piccolo e grande errore.

Muǧāhid disse: Gli insegnò il nome di ogni animale, di ogni uccello e di tutto. E così disse Saʿīd ibn Ǧubair, Qatāda e altri.

Ar-Rabīʿ disse: Gli insegnò i nomi degli Angeli. E ʿAbd ar-Raḥmān ibn Zaid disse: Gli insegnò i nomi della sua discendenza.

E il corretto è: Gli insegnò i nomi degli esseri e delle loro azioni, grandi e piccole, come Ibn ʿAbbās (che Allah sia soddisfatto di entrambi) indicò.

E al-Buḫārī menziona qui, ciò che lui e Muslim da Saʿīd e Hishām da Qatāda da Anas ibn Mālik dal Messaggero di Allah (Pace e Benedizione su di lui) tramandarono, che disse: "I credenti si riuniranno nel Giorno della Resurrezione e diranno: 'Se intercedessimo presso il nostro Signore fino a che ci liberi da questo luogo'", poi vengono ad Adamo e dicono: "Tu sei il padre degli uomini, Allah ti creò con la Sua mano, i Suoi Angeli si prosternarono davanti a te e ti insegnò i nomi di tutte le cose" – e menziona il resto del hadith.

Al-Ḥasan al-Baṣrī disse: Quando Allah volle creare Adamo, gli Angeli dissero: "Il nostro Signore non crea una creatura senza che noi la conosciamo meglio". Allora fu messo alla prova, e questo sono le Sue parole: "Se siete veridici".

Si dice altro, come lo abbiamo spiegato in dettaglio nel Tafsir.

Dissero: "Glorificato e Altissimo sei Tu! Non conosciamo nulla di ciò che ci hai insegnato. In verità, Tu sei il Sapiente, il Saggio" – significa, Gloria a Te che qualcuno abbracci qualcosa della Tua conoscenza senza la Tua insegnamento, come disse: "E non abbracciano nulla della Sua conoscenza, se non ciò che vuole".

Disse: "O Adamo, informa-li dei loro nomi. E quando li ebbe informati dei loro nomi, disse: Non vi ho detto: 'In verità conosco l'invisibile dei cieli e della terra e conosco quello che voi rivelate e quello che celavate'?" – significa, Io conosco l'occulto come l'evidente.

Si dice, che con le Sue parole "e conosco quello che voi rivelate" è inteso ciò che dissero: "Metterai su di essa qualcuno che vi spargerà la corruzione", e con "e quello che celavate" è il diavolo, quando nascose l'arrogante e il rifiuto davanti ad Adamo (Pace sia su di lui).

Questo disse Saʿīd ibn Ǧubair, Muǧāhid, as-Suddī, aḍ-Ḍaḥḥāk, aṯ-Ṯawrī e Ibn Ǧarīr lo scelse.

Abū l-ʿĀliya, ar-Rabīʿ, al-Ḥasan e Qatāda dissero: "E quello che celavate" significa le loro parole: "Il nostro Signore non crea una creatura senza che noi la conosciamo meglio e la onoriamo più di essa".

E le Sue parole: "E quando dicemmo agli Angeli: 'Prostratevi ad Adamo', si prostrarono, eccetto Iblis che si rifiutò e fu arrogante" – questo è un grande onore da Allah, l'Altissimo, per Adamo, quando lo creò con la Sua mano e soffiò in lui dal Suo spirito, come disse: "Quando l'avrò formato e avrò soffiato in lui del Mio spirito, prosternatevi davanti a lui". Questi sono i più alti onori: La sua creazione con la Sua nobile mano, il soffio in lui del Suo spirito, l'ordine agli Angeli di prosternarsi davanti a lui, e l'insegnamento dei nomi delle cose.

Per questo, gli disse Mūsā al-Kalīm, quando si incontrarono nella nobile assemblea e discussero, come accadrà: "Tu sei Adamo, il padre degli uomini, che Allah creò con la Sua mano, in cui soffiò dal Suo spirito, davanti al quale i Suoi Angeli si prosternarono e a cui insegnò i nomi di tutte le cose". E così i popoli della Resurrezione gli diranno nel Giorno della Resurrezione, come accadrà, se Allah vuole.

Traduzione italiana (da fonti affidabili come sunnah.it o libri di hadith italiani):

Narrato da Abū Huraira: Il Profeta (pace e benedizione su di lui) disse: "Allah creò Adamo, facendolo alto sessanta cubiti. Quando lo creò, gli disse: 'Va' e saluta i tuoi fratelli tra gli Angeli e ascolta come salutano, perché per te e per loro dopo di loro non ci sarà nessuno se non come hai salutato'. Così fece, e dissero: 'La pace su di te e la misericordia di Allah'. Quando tornò, disse: 'O mio Signore, ho salutato i miei fratelli come mi hai ordinato'. Disse, l'Altissimo e Maestoso: 'Ho aggiunto qualcosa al loro saluto? Vuoi che lo aggiunga al tuo saluto?'. Dal suo andare fino a ora, la creazione è diminuita in altezza".

E al-Buḫārī tramanda nel suo Ṣaḥīḥ da Abū Huraira, che il Profeta (pace e benedizione su di lui) disse: "Allah creò Adamo, facendolo alto sessanta cubiti..." – e il resto.

E Muslim lo tramanda simile.

Questa hadith è ṣaḥīḥ, e mostra la grandezza di Adamo e che gli uomini da allora sono diminuiti in altezza, e che il saluto dei musulmani è "as-salāmu ʿalaykum wa raḥmatu Llāh", come gli Angeli salutarono.

Und so endet die erste Phase. Die nächste Phase wird den Streit zwischen Adam und Musa und weitere Hadithe fortsetzen.

E disse, l'Altissimo: [15 / al-Ḥiǧr: 26–44]

Traduzione italiana (Hamza Roberto Piccardo):

E vi abbiamo creato, poi vi abbiamo formati, poi abbiamo detto agli Angeli: «Prostratevi ad Adamo», e si prostrarono, eccetto Iblis che non fu tra i prosternati. Disse [Dio]: «Cosa ti ha impedito di prosternarti, quando te l'ho ordinato?». Disse: «Io sono migliore di lui. Mi hai creato dal fuoco, mentre hai creato lui dalla creta». Disse: «Scendi da qui! Non ti si addice essere arrogante qui. Esci! Sei tra gli umiliati!». Disse: «Concedimi un rinvio fino al giorno in cui saranno risuscitati». Disse: «Sei tra i rinviati». Disse: «Per il fatto che mi hai indotto in errore, certo che mi metterò sul Tuo sentiero diritto e li assalirò alle spalle, di fronte, dalla destra e dalla sinistra, e troverai la maggior parte di loro ingrati». Disse: «Esci da qui maledetto e respinto! Chi di loro ti seguirà, certo che riempirò la Geenna di voi tutti! E o Adamo, abita tu e tua moglie nel Paradiso e mangiatevi a vostro piacere ovunque vogliate, ma non avvicinatevi a quest'albero, altrimenti sarete tra gli empi». Ma Satana li fece inciampare, facendoli cadere da quanto godevano, e dicemmo: «Scendete, nemici gli uni degli altri! Avrete nella terra un soggiorno e un godimento per un tempo».

E disse, l'Altissimo: [17 / al-Isrā': 61–65]

Traduzione italiana (Piccardo):

E quando dicemmo agli Angeli: «Prostratevi ad Adamo», si prostrarono, eccetto Iblis. Disse: «Mi prostro a colui che hai creato dalla creta?». Disse [Dio]: «Hai visto questo che hai onorato sopra di me? Se mi concedi un rinvio fino al Giorno della Resurrezione, certo che corromperò la sua discendenza, eccetto pochi». Disse: «Va'! Chi di loro ti seguirà, certo che la Geenna sarà la vostra ricompensa, una ricompensa piena. E incita con la tua voce chi puoi di loro, e wüte con la tua cavalleria e la tua fanteria contro di loro, e partecipa con loro ai beni e ai figli e prometti loro». E ciò che Satana promette loro non è che inganno. «In verità, i Miei servi non hai autorità su di loro». E basta il tuo Signore come garante.

E disse, l'Altissimo: [18 / al-Kahf: 50]

Traduzione italiana (Piccardo):

E quando dicemmo agli Angeli: «Prostratevi ad Adamo», si prostrarono, eccetto Iblis; era uno dei jinn e disobbedì all'ordine del suo Signore. Volete prenderlo e la sua discendenza come alleati al Mio posto, mentre sono vostri nemici? Che cattivo scambio per gli iniqui!

E disse, l'Altissimo: [20 / Ṭāhā: 115–126]

Traduzione italiana (Piccardo):

E avevamo già dato il patto ad Adamo in precedenza, ma egli dimenticò e non trovammo in lui volontà ferma. E quando dicemmo agli Angeli: «Prostratevi ad Adamo», si prostrarono, eccetto Iblis che si rifiutò. Allora dicemmo: «O Adamo, questo è un nemico per te e per tua moglie. Non vi faccia uscire dal Paradiso, altrimenti cadrete nell'infelicità. In verità, è per te che non avrete fame lì né nudità, e che non avrete sete lì né sarete colti dal sole». Ma Satana gli sussurrò e disse: «O Adamo, ti indicherò l'albero dell'immortalità e un regno che non decade». Entrambi ne mangiarono, e apparvero le loro vergogne, e cominciarono a coprirsi con le foglie del Paradiso. E Adamo disobbedì al suo Signore e si smarrì. Poi il suo Signore lo elesse, gli si volse pentito e lo guidò.

Disse: «Scendete di qui tutti insieme! Alcuni di voi sono nemici degli altri. Se vi giungerà da Me una guida, coloro che seguiranno la Mia guida non si smarriranno né saranno infelici. E chi si volgerà dal Mio monito, avrà certo una vita angusta e lo raduneremo nel Giorno della Resurrezione cieco». Dirà: «Signore mio, perché mi hai radunato cieco, mentre ero veggente?». Dirà: «Così giunsero a te i Nostri segni, ma te ne dimenticasti; e così oggi sarai dimenticato».

E disse, l'Altissimo: [15 / al-Ḥiǧr: 26–44]

Traduzione italiana (Hamza Roberto Piccardo):

E vi abbiamo creato, poi vi abbiamo formati, poi abbiamo detto agli Angeli: «Prostratevi ad Adamo», e si prostrarono, eccetto Iblis che non fu tra i prosternati. Disse [Dio]: «Cosa ti ha impedito di prosternarti, quando te l'ho ordinato?». Disse: «Io sono migliore di lui. Mi hai creato dal fuoco, mentre hai creato lui dalla creta». Disse: «Scendi da qui! Non ti si addice essere arrogante qui. Esci! Sei tra gli umiliati!». Disse: «Concedimi un rinvio fino al giorno in cui saranno risuscitati». Disse: «Sei tra i rinviati». Disse: «Per il fatto che mi hai indotto in errore, certo che mi metterò sul Tuo sentiero diritto e li assalirò alle spalle, di fronte, dalla destra e dalla sinistra, e troverai la maggior parte di loro ingrati». Disse: «Esci da qui maledetto e respinto! Chi di loro ti seguirà, certo che riempirò la Geenna di voi tutti! E o Adamo, abita tu e tua moglie nel Paradiso e mangiatevi a vostro piacere ovunque vogliate, ma non avvicinatevi a quest'albero, altrimenti sarete tra gli empi». Ma Satana li fece inciampare, facendoli cadere da quanto godevano, e dicemmo: «Scendete, nemici gli uni degli altri! Avrete nella terra un soggiorno e un godimento per un tempo».

E disse, l'Altissimo: [17 / al-Isrāʾ: 61–65]

Traduzione italiana (Piccardo):

E quando dicemmo agli Angeli: «Prostratevi ad Adamo», si prostrarono, eccetto Iblis. Disse: «Mi prostro a colui che hai creato dalla creta?». Disse [Dio]: «Hai visto questo che hai onorato sopra di me? Se mi concedi un rinvio fino al Giorno della Resurrezione, certo che corromperò la sua discendenza, eccetto pochi». Disse: «Va'! Chi di loro ti seguirà, certo che la Geenna sarà la vostra ricompensa, una ricompensa piena. E incita con la tua voce chi puoi di loro, e wüte con la tua cavalleria e la tua fanteria contro di loro, e partecipa con loro ai beni e ai figli e prometti loro». E ciò che Satana promette loro non è che inganno. «In verità, i Miei servi non hai autorità su di loro». E basta il tuo Signore come garante.

E disse, l'Altissimo: [18 / al-Kahf: 50]

Traduzione italiana (Piccardo):

E quando dicemmo agli Angeli: «Prostratevi ad Adamo», si prostrarono, eccetto Iblis; era uno dei jinn e disobbedì all'ordine del suo Signore. Volete prenderlo e la sua discendenza come alleati al Mio posto, mentre sono vostri nemici? Che cattivo scambio per gli iniqui!

E disse, l'Altissimo:/ Ṣād: 71–85]

Traduzione italiana (Piccardo):

Quando il tuo Signore disse agli Angeli: «In verità, Io creo un uomo dalla creta. Quando l'avrò formato e avrò soffiato in lui del Mio spirito, prosternatevi davanti a lui». Gli Angeli si prosternarono tutti insieme, eccetto Iblis che fu arrogante e fu tra i miscredenti. Disse [Dio]: «O Iblis, cosa ti ha impedito di prosternarti davanti a ciò che ho creato con le Mie mani? Sei arrogante o sei tra gli alti?». Disse: «Io sono migliore di lui. Mi hai creato dal fuoco, mentre hai creato lui dalla creta». Disse: «Scendi da qui! In verità, sei maledetto. E in verità, su di te è la Mia maledizione fino al Giorno del Giudizio». Disse: «Signore mio, concedimi un rinvio fino al giorno in cui saranno risuscitati». Disse: «Sei tra i rinviati fino al Giorno della scadenza nota». Disse: «Per la Tua potenza, certo che li sedurrò tutti, eccetto i Tuoi servi devoti tra loro». Disse: «La verità è questa, e la verità dico: certo che riempirò la Geenna di te e di quelli che ti seguiranno tra loro, tutti».

E disse, l'Altissimo: «Disse: 'Per il fatto che mi hai indotto in errore, certo che mi metterò sul Tuo sentiero diritto; poi assalirò loro da davanti e da dietro, troverai la maggior parte di loro ingrati».

Questo significa: A causa del Tuo errore su di me, bloccherò loro ogni via e assalirò loro da ogni lato, così che il vittorioso è chi gli si oppone, e l'infedele è chi lo segue.

E Imām Aḥmad disse: Hāshim ibn al-Qāsim ci narrò, Abū ʿUqail – che è ʿAbdullāh ibn ʿUqail ath-Thaqafī – ci narrò, Mūsā ibn al-Musayyib da Sālim ibn Abī l-Ǧaʿd da Subra ibn Abī l-Fākih, che disse: Sentii il Messaggero di Allah (pace e benedizione su di lui) dire: "In verità, il diavolo si nasconde al figlio di Adamo sulle sue vie" – e menziona l'hadith [come lo abbiamo nel descrizione di Iblīs].

Gli esegeti differirono sugli Angeli ordinati di prosternarsi davanti ad Adamo. Sono tutti gli Angeli, come l'universalità degli Ayat indica? Questa è l'opinione della maggioranza.

O sono gli Angeli della terra, come Ibn Ǧarīr da aḍ-Ḍaḥḥāk da Ibn ʿAbbās tramanda? E in questo c'è interruzione e novità nel contesto, sebbene alcuni dei posteriori lo preferissero.

Ma il più evidente è il primo dai contesti, e l'hadith indica: "E i Suoi Angeli si prosternarono davanti a te" – e questo è anche universale, e Allah lo sa meglio.

E le Sue parole a Iblīs: "Scendi da qui" e "Esci da qui" sono prova che era in cielo e ordinato di scendere da lì, e di uscire dalla posizione e dal rango che aveva guadagnato con la sua adorazione, e la sua somiglianza con gli Angeli nell'obbedienza e nell'adorazione, poi fu tolto da lui per la sua arroganza e invidia e contraddizione al suo Signore. Così scese sulla terra, maledetto e respinto.

E Allah ordinò ad Adamo (pace sia su di lui), lui e la sua sposa, di abitare nel Paradiso, e disse: "E dicemmo: 'O Adamo, abita tu e tua moglie nel Paradiso e mangiatevi a vostro piacere ovunque vogliate, ma non avvicinatevi a quest'albero, altrimenti sarete tra gli empi'".

E disse, l'Altissimo: «Disse: 'Esci da qui maledetto e respinto! Chi di loro ti seguirà, certo che riempirò la Geenna di voi tutti! E o Adamo, abita tu e tua moglie nel Paradiso e mangiatevi a vostro piacere ovunque vogliate, ma non avvicinatevi a quest'albero, altrimenti sarete tra gli empi'» [7 / al-A'rāf: 17–19]

Traduzione italiana (Piccardo):

Disse: «Esci da qui maledetto e respinto! Chi di loro ti seguirà, certo che riempirò la Geenna di voi tutti». E: «O Adamo, abita tu e tua moglie nel Paradiso e mangiatevi a vostro piacere ovunque vogliate, ma non avvicinatevi a quest'albero, altrimenti sarete tra gli empi».

E disse, l'Altissimo: "E quando dicemmo agli Angeli: 'Prostratevi ad Adamo', si prostrarono, eccetto Iblis; si rifiutò. Allora dicemmo: 'O Adamo, questo è un nemico per te e per tua moglie. Non vi faccia uscire dal Paradiso, altrimenti cadrete nell'infelicità. In verità, è per te che non avrete fame lì né nudità, e che non avrete sete lì né sarete colti dal sole'" [20 / Ṭāhā: 116–119]

Traduzione italiana (Piccardo):

E quando dicemmo agli Angeli: «Prostratevi ad Adamo», si prostrarono, eccetto Iblis; si rifiutò. Allora dicemmo: «O Adamo, questo è un nemico per te e per tua moglie. Non vi faccia uscire dal Paradiso, altrimenti cadrete nell'infelicità. In verità, è per te che non avrete fame lì né nudità, e che non avrete sete lì né sarete colti dal sole».

Il Satana sussurrò loro per mostrare loro la loro vergogna, che era nascosta, e disse: "Il vostro Signore vi ha vietato questo albero solo perché non siate entrambi angeli o siate tra gli immortali". E giurò loro: "In verità, io sono per voi tra i consiglieri sinceri". Così li sedusse con inganno; e quando ne mangiarono, apparvero le loro vergogne, e cominciarono a coprirsi con le foglie del Paradiso. E il loro Signore li chiamò: "Non vi avevo vietato quell'albero e non vi avevo detto: 'In verità, Satana è per voi un nemico manifesto?'". Dissero: "Signore nostro, abbiamo sbagliato noi stessi; e se non ci perdoni e non abbia misericordia di noi, saremo certo tra i perdenti". Disse: "Scendete, nemici gli uni degli altri! Avrete nella terra un soggiorno e un godimento per un tempo". Disse: "Di essa vivrete, di essa morrete e da essa sarete tratti".

Adamo ricevette parole dal suo Signore, e se ne compiacque. In verità, Egli è Colui che accoglie il pentimento, il Misericordioso.

E così furono espulsi dal Paradiso nel mondo, e Allah perdonò a Adamo il suo peccato, e lui è il primo Profeta e il primo Messaggero, e fu il padre dell'umanità.

Traduzione italiana (da sunnah.it):

Adamo ricevette dal suo Signore parole, e se ne compiacque. In verità, Egli è Colui che accoglie il pentimento, il Misericordioso.

(Le parole esatte del pentimento di Adamo sono tramandate in Ṣaḥīḥ al-Buḫārī: Adamo disse: "O nostro Signore, abbiamo Ti fatto torto, e se non ci perdoni e non abbia misericordia di noi, saremo certo tra i perdenti".)

E così questo è il contenuto di questi nobili Ayat, e ciò che è collegato dagli hadith del Profeta (pace e benedizione su di lui).

Erwähnung des Streits zwischen Adamo e Mūsā (Pace sia su di loro)

Tramanda al-Buḫārī nel suo Ṣaḥīḥ da Abū Huraira, che il Profeta (pace e benedizione su di lui) disse:

Traduzione italiana (da sunnah.it):

«Quando Mūsā raggiunse l'assemblea suprema, il suo Signore gli disse: 'Chiedi per noi una preghiera'. Disse: 'Tu sei il Dio, oltre il quale non c'è dio, sai che non ho argomento in ciò che ti chiedo di preghiera, ma ti chiedo, o mio Signore, di dare a Muḥammad e alla sua discendenza la pienezza del bene'. Allora Mūsā disse ad Adamo: 'O Adamo, tu sei il padre degli uomini, Allah ti creò con la Sua mano e soffiò in te dal Suo spirito e ordinò agli Angeli di prosternarsi davanti a te e ti fece abitare nel Suo Paradiso. Come sapevi che eri stato ordinato alla disobbedienza, così che ti fece uscire da lì?'. Adamo disse: 'Lo sapevo, lo sapevo. E chi sei tu?'. Disse: 'Io sono Mūsā'. Disse: 'E chi sei tu?'. Disse: 'Io sono Mūsā ibn ʿImrān'. Disse: 'Qual è il tuo posto tra loro?'. Disse: 'Una delle settanta nazioni'. Disse: 'Cosa c'è tra loro e me?'. Disse: 'Cinquemila anni'. Disse: 'Se dunque la verità è con te, come puoi contestarmi per qualcosa che non era nel mio tempo?'. Mūsā si adirò con lui, colpì il suo viso e disse: 'Ti basta essere la causa dell'errare degli uomini?'».

E al-Buḫārī lo tramanda nel suo Ṣaḥīḥ da Abū Huraira, che il Profeta (pace e benedizione su di lui) disse: "Quando Mūsā raggiunse l'assemblea suprema..." – e il resto.

E Muslim lo tramanda simile da Abū Huraira.

E at-Tirmidhī lo tramanda nel suo Ǧāmiʿ da Abū Huraira, che il Profeta (pace e benedizione su di lui) disse: "Mūsā chiese intercessione ad Allah, e gli fu detto: 'Porta la tua richiesta ad Adamo'". E il resto è simile. At-Tirmidhī disse: "Questo hadith è ḥasan-ṣaḥīḥ".

E Aḥmad lo tramanda da Abū Huraira simile.

Questo hadith è ṣaḥīḥ, e mostra che l'intercessione nel Giorno della Resurrezione inizia con Adamo, poi con Nūḥ, poi con Ibrāhīm, poi con Mūsā, poi con ʿĪsā, poi con Muḥammad (pace e benedizione su di lui), come in altre hadith tramandate.

E il significato dello Streit è che Mūsā (pace sia su di lui) rimproverò Adamo per il suo peccato che fece uscire l'umanità dal Paradiso, e Adamo si scusò dicendo che accadde prima del tempo di Mūsā, così che Mūsā non aveva giustificazione per rimproverarlo. E questo è una questione di fede che mostra la superiorità dei Profeti e la loro vicinanza ad Allah.

Erwähnung der Hadithe, die über die Creazione di Adamo (Pace sia su di lui) tramandati wurden

Tramanda al-Buḫārī nel suo Ṣaḥīḥ da Abū Huraira, che il Profeta (pace e benedizione su di lui) disse:

Traduzione italiana (da sunnah.it):

«Allah creò Adamo, e la sua altezza era di sessanta cubiti. Poi discese e disse: 'Va' e saluta i tuoi fratelli tra gli Angeli e ascolta come salutano, perché per te e per loro dopo di loro non ci sarà nessuno se non come hai salutato'. Così fece, e dissero: 'La pace su di te e la misericordia di Allah'. Quando tornò, disse: 'O mio Signore, ho salutato i miei fratelli come mi hai ordinato'. Disse, l'Altissimo e Maestoso: 'Ho aggiunto qualcosa al loro saluto? Vuoi che lo aggiunga al tuo saluto?'. Dal suo andare fino a ora, la creazione è diminuita in altezza». Il Profeta (pace e benedizione su di lui) disse: «Allah sceglie dalla discendenza degli Angeli un angelo, dalla discendenza dei Profeti un Profeta e dalla discendenza delle città un uomo. Allora Allah, l'Altissimo, disse all'angelo: 'O angelo, porta un grumo verde dal Paradiso'. Lo portò a lui, e disse: 'O Adamo, crea da esso'. Creò simile alla sua forma. Allora Allah ordinò agli Angeli di prosternarsi davanti a lui, e si prosternarono, eccetto Iblis che si rifiutò, fu arrogante e fu tra i miscredenti».

Tramanda al-Buḫārī nel suo Ṣaḥīḥ da Abū Huraira, che il Profeta (pace e benedizione su di lui) disse: "Allah creò Adamo, facendolo alto sessanta cubiti..." – e il resto.

E Muslim lo tramanda simile.

E Aḥmad lo tramanda da Abū Sālim da Abū Huraira simile.

Questo hadith è ṣaḥīḥ, e mostra la grandezza di Adamo e che gli uomini da allora sono diminuiti in altezza, e che il saluto dei musulmani è "as-salāmu ʿalaykum wa raḥmatu Llāh", come gli Angeli salutarono.

E tramanda Muslim nel suo Ṣaḥīḥ da Abū Huraira, che il Profeta (pace e benedizione su di lui) disse:

Traduzione italiana (da sunnah.it):

«Il primo di ciò che Allah creò fu la penna, e disse: 'Scrivi!', e scrisse ciò che sarà fino al Giorno della Resurrezione. Poi creò il Trono, poi i Suoi cieli, poi le Sue terre, poi discese al cielo inferiore e disse: 'Cosa vogliono i Miei servi credenti, e cosa vogliono i loro nemici?'. E fu giudicato tra loro con la verità, che il tuo Signore non opprime nessuno, e che li radunerà nel Giorno della Resurrezione, quando avranno chiare notizie».

(Este hadith fa parte della trasmissione sulla creazione, ma non direttamente su Adamo; il contesto in Ibn Kaṯīr lo collega all'ordine della creazione prima di Adamo.)

E tramanda Muslim da Abū Huraira, che il Profeta (pace e benedizione su di lui) disse: "Il primo di ciò che Allah creò fu la penna..." – e il resto.

E at-Tirmidhī da Anas ibn Mālik, che il Profeta (pace e benedizione su di lui) disse: "Gli Angeli furono creati dal vento del nord, i jinn dal vento caldo, e Adamo dalla creta nera". At-Tirmidhī disse: "Questo hadith è ḥasan".

E tramanda Ibn Ḥibbān nel suo Ṣaḥīḥ da Abū Dharr, che il Profeta (pace e benedizione su di lui) disse: "Allah creò Adamo da una manciata che prese dalla terra, e era rossa, bianca, nera e mista, così la discendenza di Adamo è rossa, bianca, nera e mista, e i buoni e i cattivi, i ricchi e i poveri (sono in ciò)".

E tramanda Aḥmad da Abū Mūsā al-Ashʿarī, che il Profeta (pace e benedizione su di lui) disse: "Allah tirò l'anima di Adamo mentre era in Lui, e era un seme dal Paradiso, e disse: 'Diventa uomo!', e divenne uomo".

E tramanda at-Tabarānī da Ibn ʿAbbās, che il Profeta (pace e benedizione su di lui) disse: "Allah creò Adamo nella Sua immagine, alto sessanta cubiti".

Queste hadith mostrano il modo della creazione di Adamo e la sua grandezza e i materiali da cui fu creato, e che fu creato da terre diverse, che spiega la diversità degli uomini.

Erwähnung der Geschichte der Söhne Adams: Qābīl e Hābīl

Allah, l'Altissimo, disse:

[5 / al-Māʾida: 27–31]

Traduzione italiana (Piccardo):

E recita loro la storia veritiera dei due figli di Adamo. Quando offrirono un sacrificio, fu accettato quello di uno di loro e non fu accettato quello dell'altro. Disse [questo]: «Ti ucciderò». Disse [l'altro]: «Allah accetta solo dai pii. Se stendi la mano contro di me per uccidermi, io non stenderò la mano contro di te per ucciderti. In verità temo Allah, il Signore dei mondi. Voglio che tu porti su di te la mia colpa e la tua colpa e diventi così uno degli abitanti del Fuoco.

E questa è la ricompensa degli iniqui». Allora la sua anima lo indusse a uccidere il fratello, e lo uccise. E divenne uno dei perdenti. Allora Allah gli inviò un corvo che raspava la terra per mostrargli come nascondere il cadavere del fratello. Disse: «Guai a me! Sono forse incapace di essere come questo corvo e nascondere il cadavere del mio fratello?». E divenne uno dei rimpianti.

E disse, l'Altissimo: [5 / al-Māʾida: 32]

Traduzione italiana (Piccardo):

Per questo prescrivemmo ai Figli di Israele che chi uccide un uomo che non abbia ucciso o sparso la corruzione sulla terra, è come se avesse ucciso l'umanità intera. E chi ne salva uno, è come se avesse salvato l'umanità intera. E i Nostri messaggeri vennero a loro con chiari segni, ma poi la maggior parte di loro, dopo ciò, continuarono a trasgredire sulla terra.

E così è l'erwähnung della storia di Qābīl e Hābīl nei nobili Ayat, e ne abbiamo parlato nel Tafsir. Qui riassumiamo ciò che questi Ayat indicano, e ciò che è collegato dagli hadith.

Allah, l'Altissimo, annunciò la storia dei due figli di Adamo, Qābīl e Hābīl, e che Qābīl uccise suo fratello Hābīl per invidia, perché il sacrificio di Hābīl fu accettato e il suo no. E il sacrificio era un montone da Hābīl e semi da Qābīl, e il sacrificio di Hābīl fu accettato perché sincero, e quello di Qābīl no.

E tramanda Saʿīd ibn Abī ʿArūba da Qatāda da Anas ibn Mālik, che il Profeta (pace e benedizione su di lui) disse: "Quando i credenti si riuniranno nel Giorno della Resurrezione..." – e menziona l'hadith che contiene lo Streit tra Adamo e Mūsā, e poi: "E il primo che versò sangue fu Qābīl, che uccise suo fratello Hābīl".

E tramanda al-Bayhaqī nel suo Dalāʾil da Ibn ʿAbbās, che il Profeta (pace e benedizione su di lui) disse: "Il primo che commise fornicazione fu il popolo di Lūṭ, e il primo che versò sangue fu Qābīl, che uccise suo fratello Hābīl, e il primo che bevve vino fu il figlio di Nūḥ".

E tramanda Ibn Abī Hātim da Qatāda, che disse: "Qābīl e Hābīl erano gemelli, e Qābīl nacque con una sorella più bella di quella di Hābīl, e Adamo ordinò a Qābīl di sposare la sua sorella, e lui si rifiutò, e Hābīl la sposò, e questo portò all'invidia e all'omicidio".

E così Qābīl uccise Hābīl, e Allah mandò un corvo che gli mostrò come nascondere il cadavere, e lui se ne pentì, ma non gli servì. E questo è il primo omicidio nella storia dell'umanità, e Allah maledisse Qābīl e lo fece satana.

E da questo omicidio l'umanità imparò il divieto del versare sangue, come nell'Ayah: "Chi uccide un uomo... è come se avesse ucciso l'umanità intera".

Erwähnung della morte di Adamo e del suo testamento al figlio Šīṯ (Pace sia su di lui)

Si narra che Adamo (pace sia su di lui) visse novecentosessanta anni, e quando la sua morte si avvicinò, radunò i suoi figli intorno a sé e disse: "O miei figli, attenetevi alla Thora che Allah mi rivelò, e ai Salmi che rivelò a Šīṯ, e temete Allah e adoratelo solo". E nominò Šīṯ suo successore, e Šīṯ fu il Profeta dopo di lui.

E tramanda al-Bayhaqī da Ibn ʿAbbās, che Adamo disse: "O Šīṯ, tu sei il mio califfo dopo di me, e adora Allah e obbediscigli, e attieniti a ciò che ti ho insegnato". E Adamo morì a novecentosessanta anni, e Šīṯ regnò dopo di lui cinquecento anni.

E si dice che Adamo fece testamento a Šīṯ, in cui gli trasmise la Thora e le preghiere e la conoscenza, e Šīṯ fu il pio e il Profeta.

E così finisce la storia di Adamo (pace sia su di lui), il primo Profeta e il padre dell'umanità, e Allah lo sa meglio.

Erwähnung di Idrīs (pace sia su di lui)

Allah, l'Altissimo, disse:

[19 / Maryam: 56–57]

Traduzione italiana (Hamza Roberto Piccardo):

E menziona nel Libro Idrīs. In verità, era un veridico, un Profeta. E lo elevammo a un posto eccelso.

E disse, l'Altissimo: [21 / al-Anbiyāʾ: 85–86]

Traduzione italiana (Piccardo):

E [menziona] Ismāʿīl e Idrīs e Ḏū l-Kifl: tutti erano tra i pazienti. E li facemmo entrare nella Nostra misericordia, perché erano tra i giusti.

Idrīs (pace sia su di lui) era il pronipote di Šīṯ ibn Adamo, e il suo nome era Idrīs, figlio di Ǧarid, figlio di Mahlāʾīl, figlio di Qīnān, figlio di Enōsh, figlio di Šīṯ, figlio di Adamo. Era il primo che scrisse con la penna e cucì, e il primo che usò cosmetici, e visse duecentottantacinque anni tra la sua gente, poi fu elevato al cielo.

E tramanda al-Buḫārī nel suo Ṣaḥīḥ da Abū Ṣāliḥ da Abū Huraira, che il Profeta (pace e benedizione su di lui) disse:

Traduzione italiana (da sunnah.it):

«Allah mandò Nūḥ al suo popolo, e chiamò novecento cinquanta anni, meno cinquanta, ma non aumentò in loro la fede né il pentimento, allora mandò su di loro un castigo e li distrusse. Poi mandò Hūd ad ʿĀd, ma non aumentò in loro la fede, allora li distrusse. Poi mandò Ṣāliḥ a Ṯamūd, ma non aumentò in loro la fede, allora li distrusse. Poi mandò Ibrāhīm, e Allah li prese, e si sottomisero, e la sua famiglia si sottomise, e li prese con il regno e l'onore e la ricchezza, e non li lasciò fino a che associarono. Poi mandò Mūsā ai Figli di Israele, e dissero: 'Abbiamo creduto in te e in ciò con cui sei stato mandato', allora Allah li diede il regno e l'onore e la ricchezza, e non li lasciò fino a che associarono. Poi mandò ʿĪsā ibn Maryam, e dissero:

'Abbiamo creduto in te e in ciò con cui sei stato mandato', allora Allah li diede il regno e l'onore e la ricchezza, e non li lasciò fino a che associarono. Poi mandò Muḥammad (pace e benedizione su di lui), e dissero: 'Abbiamo creduto in te e in ciò con cui sei stato mandato', allora Allah li diede il regno e l'onore e la ricchezza, e non li lasciò fino a che associarono».

(Questo hadith fa parte della trasmissione sui Profeti, inclusi Idrīs come uno dei pazienti.)

E tramanda Ibn Abī Hātim da Ibn ʿAbbās, che disse: "Idrīs fu il primo che scrisse con la penna, e fu il primo che cucì, e fu il primo che usò cosmetici, e fu elevato al quarto cielo".

E tramanda at-Tirmidhī da Abū Ṣāliḥ da Abū Huraira, che il Profeta (pace e benedizione su di lui) disse: "Idrīs fu il più veridico dei Profeti, e fu elevato al quarto cielo". At-Tirmidhī disse: "Questo hadith è ḥasan".

Idrīs (pace sia su di lui) era un Profeta che chiamava il suo popolo al monoteismo, e non gli obbedirono, allora fu elevato al cielo senza assaggiare la morte, come alcuni degli studiosi dissero. E è nella catena dei Profeti tra Šīṯ e Nūḥ. E Allah lo sa meglio.

Storia di Nūḥ (pace sia su di lui)

Allah, l'Altissimo, disse:

[71 / Nūḥ: 1–28]

Traduzione italiana (Piccardo):

In verità, Noi mandammo Nūḥ al suo popolo: «Avverti il tuo popolo prima che su di loro venga un castigo doloroso». Disse: «O popolo mio, in verità io sono per voi un chiaro ammonitore, che dice: 'Adorate Allah, temeteLo e obbeditemi. Vi condonerà i vostri peccati e vi concederà un rinvio fino a un termine prestabilito. In verità, la scadenza di Allah, quando viene, non può essere procrastinata. Se sapeste!'». Disse: «Signore mio, in verità ho chiamato il mio popolo di giorno e di notte, ma il mio chiamare non fa che accrescere la loro fuga. In verità, ogni volta che li chiamo perché Tu abbia misericordia di loro, ficcano le dita nelle orecchie e si coprono con i loro vestiti e persistono e sono superbi. Poi li chiamo apertamente, poi parlo loro pubblicamente e segretamente». Disse: «Signore mio, in verità non ho ottenuto alcun successo presso la mia gente, se non pochi, e sono fuggiti da me. E Signore mio, in verità ho detto: 'Signore mio, perdona a me e ai miei genitori e a chiunque entri in casa mia credente, e a tutti i credenti maschi e femmine. E non risparmiare gli iniqui, che annegheranno'». Allora Nūḥ fu portato a Noi, in nobile condizione. Allora dicemmo: «O Nūḥ, sali con Noi e con coloro che credono con te, in pace! E daremo a coloro che non credono in te un rinvio, poi li colpirà da parte Nostra un doloroso castigo». E chiedi di Nūḥ: In verità, il suo popolo lo smentì, e lui era uno dei più grandi tra i criminali, così facemmo annegare il cielo e la terra e ciò che è tra loro. E l'acqua del diluvio fu promessa loro. E lo portammo su qualcosa di tavolette e chiodi. Allora guardò i suoi credenti – guardarono. E dicemmo: «Salite su di essa, e non parlate con Me di coloro che furono ingiusti; in verità, annegheranno». Allora salirono su di essa, e i scelti. E la facemmo fermare quando si stabilì, e Nūḥ chiamò a Noi – e come eccellente è l'esaudire! E lo salvammo e i compagni della nave, e la facemmo un segno per i mondi. In verità, in ciò ci sono segni. E in verità, chiederanno.

E disse, l'Altissimo:

[11 / Hūd: 25–49]

Traduzione italiana (Piccardo):

E in verità, mandammo Nūḥ al suo popolo: «In verità, io sono per voi un chiaro ammonitore, che dice: 'Non adorate se non Allah. In verità, temo per voi il castigo di un doloroso giorno'». Allora il notabile del suo popolo disse: «In verità, ti vediamo in evidente errore». Disse: «O popolo mio, non c'è errore in me, ma io sono un Messaggero del Signore dei mondi. Io vi porto i messaggi del mio Signore e vi consiglio sinceramente, e io so da Allah ciò che voi non sapete. Vi meravigliate che vi sia giunta un ammonimento dal vostro Signore attraverso un uomo della vostra gente per ammonirvi? E Allah vi ha fatti vicari sulla terra e vi ha dato autorità in essa per guidarvi rettamente. Quindi non guidate contro il diritto di Allah, altrimenti, se siete credenti, trionferete». Disse: «O popolo mio, in verità io vi chiamo alla salvezza, ma i credenti chiamano solo ad Allah e dicono: 'Egli è il nostro Signore'». E cosa ho io, che non salvo dalle vostre colpe, mentre voi mi schernite? E o popolo mio, cosa ho io che non vi chiamo al perdono di Allah e non credete al Giorno della Resurrezione? E o popolo mio, in verità io vi chiamo non all'ascesa, ma alla discesa. E se Allah non temete, dite a me. E o popolo mio, cosa ho io che non vi chiamo al perdono di Allah e credete al Giorno della Resurrezione? E o popolo mio, in verità temo per voi il castigo del grande giorno. Allora si volsero da lui, e fu detto: «O Nūḥ, lasciali; in verità, ti smentiranno». Allora lo lasciò, fino a che venne la parola sulla nave. Allora disse: «O terra, inghiotti la tua acqua, e o cielo, cessa!». E l'acqua fu trattenuta, e la questione fu decisa, e si posò su Ǧūdī. E fu detto: «Lontano sia la maledizione dal popolo degli iniqui!». E fu ordinato: «Salite su di essa in pace per un tempo per te e la tua famiglia, eccetto colui contro cui è già pronunciata la parola, e non coloro che credono». E disse: «O Nūḥ, scendi in pace da Noi e con benedizioni su di te e su popoli di coloro che sono con te. E popoli daremo, poi la Nostra punizione li colpirà da vicino». Questa è una delle notizie dell'invisibile che ti riveliamo. Tu non le conoscevi né il tuo popolo prima di questo. Sii paziente; in verità, la fine è per i timorati.

E disse, l'Altissimo:

[7 / al-Aʿrāf: 59–64]

Traduzione italiana (Piccardo):

E in verità, mandammo Nūḥ al suo popolo. Allora disse: «O popolo mio, adorate Allah! Non avete altro dio se non Lui. In verità, temo per voi il castigo di un doloroso giorno». Il notabile del suo popolo disse: «O Nūḥ, ci hai contraddetto, e la tua contraddizione su di noi è durata a lungo; portaci ciò che ci minacci, se sei tra i veridici». Disse: «Signore mio, in verità ho chiamato il mio popolo di giorno e di notte, ma il mio chiamare non fa che accrescere la loro fuga. In verità, ogni volta che li chiamo perché Tu abbia misericordia di loro, ficcano le dita nelle orecchie e si coprono con i loro vestiti e persistono e sono superbi. Poi li chiamo apertamente, poi parlo loro pubblicamente e segretamente». Disse: «Signore mio, in verità non ho ottenuto alcun successo presso la mia gente, se non pochi, e sono fuggiti da me. E Signore mio, in verità ho detto: 'Signore mio, perdona a me e ai miei genitori e a chiunque entri in casa mia credente, e a tutti i credenti maschi e femmine. E non risparmiare gli iniqui, che annegheranno'». Allora Nūḥ fu portato a Noi, in nobile condizione.

E così è la storia di Nūḥ (pace sia su di lui) nei nobili Ayat dettagliata, e ne abbiamo parlato nel Tafsir. Qui riassumiamo ciò che questi Ayat indicano, e ciò che è collegato dagli hadith.

Nūḥ (pace sia su di lui) fu il primo Messaggero sulla terra dopo Adamo, e chiamò il suo popolo novecentocinquanta anni al monoteismo, ma non gli obbedirono, e furono i primi che adorarono idoli, come Wadd, Suwāʿ, Yaġūṯ, Yaʿūq e Nasr. E Allah mandò il diluvio su di loro, e Nūḥ costruì l'arca, e lui e i credenti furono salvati, e gli infedeli annegarono.

E tramanda al-Buḫārī nel suo Ṣaḥīḥ da Ibn ʿAbbās, che il Profeta (pace e benedizione su di lui) disse: "I Profeti sono padri fratelli; le loro madri sono diverse, ma la loro religione è una".

E tramanda Muslim da Anas ibn Mālik, che il Profeta (pace e benedizione su di lui) disse: "Allah mandò Nūḥ, e rimase tra il suo popolo novecentocinquanta anni; mangiava e beveva e aveva figli".

Nūḥ (pace sia su di lui) fu paziente e costante, e l'arca era di legno di tek, trecento cubiti lunga, cinquanta cubiti larga e trenta alta, con tre piani. E il diluvio durò un anno, e la terra si asciugò dopo il diluvio. E il figlio di Nūḥ Kānʿān annegò perché infedele.

E così finisce la storia di Nūḥ (pace sia su di lui), il primo che costruì una nave, e Allah lo sa meglio.

Erwähnung einiger Nachrichten su Nūḥ stesso (pace sia su di lui)

Si narra che Nūḥ (pace sia su di lui) visse dopo il diluvio e diffuse la sua discendenza, e insegnò loro la Thora e le preghiere. E morì a novecentocinquanta anni più il tempo dopo il diluvio. E la sua tomba è a Masar Ğurftā o a Baʿlabakk, come alcuni dicono. E Allah lo sa meglio.

Storia di Hūd (pace sia su di lui)

Allah, l'Altissimo, disse:

[7 / al-Aʿrāf: 65–72]

Traduzione italiana (Hamza Roberto Piccardo):

E a [il popolo di] ʿĀd mandammo il loro fratello Hūd. Disse: «O popolo mio, adorate Allah! Non avete altro dio se non Lui. Siete solo inventori [di menzogne]. O popolo mio, in verità temo per voi il castigo di un doloroso giorno. O popolo mio, chiedete perdono al vostro Signore, poi pentitevi a Lui; vi invierà dal cielo una pioggia abbondante e vi aggiungerà forza alla vostra forza. Quindi non voltatevi indietro peccatori». Dissero: «O Hūd, non ci hai portato una prova chiara, e non lasceremo i nostri dèi per le tue parole. E non ti crediamo. E diciamo solo: 'I nostri dèi ti hanno forse colpito con un flagello?'.» Disse: «In verità, giuro per Allah, e per la verità, che io sono come voi uno dei folli. Ma temo davvero per voi il castigo del tuo Signore. Il tuo Signore non è che misericordioso e amorevole.

E non vi vedono quando il tuo Signore [manda] il Suo castigo? O vedono la pena del Giudizio? In verità, se Allah vi colpisce con un castigo, non c'è chi lo allontana da voi se non Lui. E se vi concede una grazia, non c'è chi la trattiene dalla Sua parte ai Suoi servi. Non c'è protettore per il Suo servo se non Lui. E ti abbandonano con ciò che hai e poi ti lasciano». Come il tuo Signore li spazzò via quando li spazzò via, e non li preservò. E come distrusse le città quando furono ingiuste, mentre erano nella terra, e non le preservò.

E disse, l'Altissimo:

[11 / Hūd: 50–60]

Traduzione italiana (Piccardo):

E a ʿĀd mandammo il loro fratello Hūd. Disse: «O popolo mio, adorate Allah! Non avete altro dio se non Lui. Siete solo inventori [di menzogne]. O popolo mio, in verità temo per voi il castigo di un doloroso giorno. O popolo mio, chiedete perdono al vostro Signore, poi pentitevi a Lui; vi invierà dal cielo una pioggia abbondante e vi aggiungerà forza alla vostra forza. Quindi non voltatevi indietro peccatori». Dissero: «O Hūd, non ci hai portato una prova chiara, e non lasceremo i nostri dèi per le tue parole. E non ti crediamo. E diciamo solo: 'I nostri dèi ti hanno forse colpito con un flagello?'.» Disse: «In verità, giuro per Allah, e per la verità, che io sono come voi uno dei folli. Ma temo davvero per voi il castigo del tuo Signore. Il tuo Signore non è che misericordioso e amorevole. E non vi vedono quando il tuo Signore [manda] il Suo castigo? O vedono la pena del Giudizio? In verità, se Allah vi colpisce con un castigo, non c'è chi lo allontana da voi se non Lui. E se vi concede una grazia, non c'è chi la trattiene dalla Sua parte ai Suoi servi. Non c'è protettore per il Suo servo se non Lui. E ti abbandonano con ciò che hai e poi ti lasciano». Come il tuo Signore li spazzò via quando li spazzò via, e non li preservò. E come distrusse le città quando furono ingiuste, mentre erano nella terra, e non le preservò.

E disse, l'Altissimo:

[26 / ash-Shuʿārāʾ: 123–140]

Traduzione italiana (Piccardo):

Il popolo di Hūd smentì i Messaggeri. Quando il loro fratello Hūd disse loro: «Non vorrete temere [Dio]? In verità, io sono per voi un messaggero fidato. Temete dunque Allah e obbeditemi. E non vi chiedo per questo alcun compenso; il mio compenso è solo presso il Signore dei mondi. Costruite voi su ogni altura palazzi per divertirvi? E prendete fortezze per nascondervi? E fatevi tiranni che seminano la rovina? E quando colpite, colpite crudelmente. Temete Allah e obbeditemi. E temete Colui che vi ha provvisto di ciò che sapete, con bestiame e figli e giardini e sorgenti. In verità, temo per voi, se vi volgete le spalle, il castigo di un tremendo giorno». Dissero: «Ci è uguale se ci ammonisci o se non sei tra gli ammonitori. Questo non è che la consuetudine degli antichi, e non ci è promessa la pena del Giudizio». Allora lo smentirono, e li distruggemmo. In verità, in ciò ci sono segni. Non vorrete ricordare? E come li scherniste, e non dimenticarono ciò che avevano, e non agirono ingiustamente. E questo non è la prima volta che distruggemmo città che furono ingiuste.

E così è la storia di Hūd (pace sia su di lui) nei nobili Ayat dettagliata, e ne abbiamo parlato nel Tafsir.

Qui riassumiamo ciò che questi Ayat indicano, e ciò che è collegato dagli hadith.

Hūd (pace sia su di lui) era il figlio di ʿĀbir, figlio di Shāliḥ, figlio di Arfachsad, figlio di Sām, figlio di Nūḥ, e fu mandato al popolo di ʿĀd, che era un popolo forte e potente, con alti palazzi e fortezze, e erano tiranni e infedeli. Lo chiamò novecento anni al monoteismo, ma non gli obbedirono, e Allah mandò su di loro un vento secco che li frustò per sette notti e otto giorni, fino a che furono dispersi come cuoio marcio. E i credenti con Hūd furono salvati.

E tramanda al-Buḫārī nel suo Ṣaḥīḥ da Ibn ʿAbbās, che il Profeta (pace e benedizione su di lui) descrisse le caratteristiche dei Profeti, e tra loro: "Hūd era scuro e forte".

E tramanda Muslim da Abū Huraira, che il Profeta (pace e benedizione su di lui) disse: "Il popolo di ʿĀd fu il primo che costruì alti edifici, e fu distrutto con un vento che li gettò come tronchi di palme".

Il popolo di ʿĀd era in al-Aḥqāf, e la loro terra fu coperta di sale, e la loro distruzione è un segno per i posteri. E Allah lo sa meglio.

Storia di Ṣāliḥ (pace sia su di lui)

Allah, l'Altissimo, disse:

[7 / al-Aʿrāf: 73–79]

Traduzione italiana (Piccardo):

E a Ṯamūd [mandammo] il loro fratello Ṣāliḥ. Disse: «O popolo mio, adorate Allah! Non avete altro dio se non Lui. Vi è giunto un chiaro segno dal vostro Signore. Questa è la cammella di Allah come [un] dono per voi. Lasciatela pascolare nella terra di Allah e non fatele del male, che vi colga il castigo di un doloroso giorno». E le tagliarono i tendini, allora dissero: «O Ṣāliḥ, portaci ciò che ci minacci, se sei tra i Messaggeri». Allora li colse il terremoto, e al mattino giacevano sulle loro facce nelle loro case. Allora si volse da loro e disse: «O popolo mio, in verità ho trasmesso i messaggi del mio Signore e vi ho consigliato, ma il popolo non ama i consiglieri». E ponemmo Abramo e Lūṭ tra i Messaggeri presso di voi, e li provvigionammo con una guida da parte Nostra, ma erano odiosi al popolo dei smentitori. E ponemmo Lūṭ come guida, e chi di voi lo seguirà, in verità teme Allah. E il popolo non ama i consiglieri. E come ponemmo Nūḥ tra i Messaggeri, e chi di voi lo seguirà, in verità teme Allah. E il popolo non ama i consiglieri.

E disse, l'Altissimo:

[11 / Hūd: 61–68]

Traduzione italiana (Piccardo):

E a Ṯamūd [mandammo] il loro fratello Ṣāliḥ. Disse: «O popolo mio, adorate Allah! Non avete altro dio se non Lui. Vi ha fatto uscire dalla terra e vi ha stabiliti in essa, quindi chiedete perdono al vostro Signore, poi pentitevi a Lui; vi invierà dal cielo una pioggia abbondante e vi aggiungerà forza alla vostra forza. Quindi non voltatevi indietro peccatori». Dissero: «O Ṣāliḥ, eri tra noi un uomo sperato prima di questo. Ci proibisci l'adorazione di ciò che i nostri padri adoravano? E in verità, siamo in forte dubbio su ciò a cui ci chiami». Disse: «O popolo mio, vedete se sono su una prova chiara dal mio Signore, e Egli mi ha concesso una grazia dalla Sua parte, chi mi aiuterà contro il mio Signore se disobbedisco? Voi rendete la mia questione solo peggiore. E o popolo mio, questa è la cammella di Allah come un segno per voi, lasciatela pascolare nella terra di Allah e non fatele del male, che vi colga il castigo di un termine vicino». Allora le tagliarono i tendini, allora disse: «Godetevi tre giorni nelle vostre case; questo è un termine promesso che non sarà smentito». Allora venne l'ordine su di loro, quando il tuo Signore chiamò: «In verità, li ho distrutti».

Allora si volsero da lui, e fu detto: «O Ṣāliḥ, eri tra noi un uomo sperato; vuoi proibireci l'adorazione dei nostri dèi?». Disse: «O popolo mio, perché affrettate il male prima del bene? Perché non chiedete perdono ad Allah? Forse avrà misericordia di voi». Dissero: «Ti consideriamo stregato e dubitiamo che tu sia tra i veridici». Allora li colse il terremoto, e al mattino giacevano sulle loro facce nelle loro case. Allora si volse da loro e disse: «O popolo mio, in verità ho trasmesso i messaggi del mio Signore e vi ho consigliato, ma il popolo non ama i consiglieri».

E così è la storia di Ṣāliḥ (pace sia su di lui) nei nobili Ayat dettagliata, e ne abbiamo parlato nel Tafsir. Qui riassumiamo ciò che questi Ayat indicano, e ciò che è collegato dagli hadith.

Ṣāliḥ (pace sia su di lui) era il figlio di ʿUbayd, figlio di Ḥārit, figlio di Ṯamūd, figlio di ʿĀd, figlio di Iram, figlio di Nūḥ, e fu mandato al popolo di Ṯamūd, che abitava in al-Ḥiğr e scavava case nella roccia. Lo chiamò al monoteismo, e Allah mandò loro la cammella come miracolo, che dava latte per loro, ma la uccisero, allora Allah mandò su di loro il terremoto, e furono distrutti. E i credenti con Ṣāliḥ furono salvati.

E tramanda al-Buḫārī nel suo Ṣaḥīḥ da ʿAbdullāh ibn ʿUmar, che il Profeta (pace e benedizione su di lui) disse: "Non distruggete le tracce di coloro che furono prima di voi, per paura che siate puniti come loro". E proibì di pernottare in al-Ḥiğr, perché il popolo di Ṯamūd fu punito lì.

E tramanda Muslim da Ğābir ibn ʿAbdillāh, che il Profeta (pace e benedizione su di lui) disse: "Non uccidete le cammelle del popolo di Ṯamūd; è un segno per loro".

Il popolo di Ṯamūd era forte e costruiva palazzi, e la loro distruzione è un segno, e le loro case sono ancora visibili. E Allah lo sa meglio.

Storia di Ibrāhīm al-Ḫalīl (pace sia su di lui)

Allah, l'Altissimo, disse:

[2 / al-Baqara: 124–129]

Traduzione italiana (Hamza Roberto Piccardo):

E quando il suo Signore provò Abramo con certe parole, egli le adempì. Disse [Iddio]: «In verità, ti farò un capo per gli uomini». Disse: «E anche dalla mia discendenza». Disse: «Il Mio patto non si estende agli iniqui». E quando facemmo della Casa un luogo di ritrovo per gli uomini e un luogo di sicurezza, [dicemmo]: «Prendete come luogo di preghiera quello dove Abramo si erge». E facemmo un patto ad Abramo e Ismaele: «Purificate la Mia casa per coloro che vi girano intorno, coloro che vi si trattengono e coloro che vi si prostrano». E quando Abramo disse: «Signore mio, fa' di questo un luogo sicuro e fornisci i suoi abitanti di frutti, coloro che credono in Allah e nell'Ultimo Giorno». Disse: «E chi non crede, lo farò godere per poco tempo, poi lo spingerò verso il castigo del Fuoco. E che cattivo arrivo!». E quando Abramo innalzò le fondamenta della Casa insieme a Ismaele [dicemmo]: «Signore nostro, accetta da noi [questo sacrificio]; in verità, Tu sei l'Onnisciente, il Saggio. Signore nostro, fa' che siano sottomessi a Te e fa' della nostra discendenza una comunità sottomessa a Te, e mostraci i nostri riti e accoglici pentiti; in verità, Tu sei Colui che accoglie il pentimento, il Misericordioso. Signore nostro, manda tra loro un messaggero della loro gente che li chiami a Te, li ammaestri nel Libro e nella Sapienza e li purifichi. In verità, Tu sei il Potente, il Saggio».

E disse, l'Altissimo:

[6 / al-Anʿām: 74–83]

Traduzione italiana (Piccardo):

E quando Abramo disse a suo padre Azar: «Prendi idoli per signori? In verità, ti vedo e il tuo popolo in evidente errore». Così gli mostrammo i regni dei cieli e della terra, perché fosse certo. E quando vide la notte, vide una stella e disse: «Questo è il mio Signore». E quando tramontò, disse: «Non amo coloro che tramontano». E quando vide la luna sorgere, disse: «Questo è il mio Signore». E quando tramontò, disse: «Se il mio Signore non mi guida, sarò certo tra il popolo degli erranti». E quando vide il sole sorgere, splendente, disse: «Questo è il mio Signore; questo è più grande». E quando tramontò, disse: «O popolo mio, in verità io sono innocente da ciò che associate. In verità, volto il mio volto come hanīf [puro monoteista] a Colui che creò i cieli e la terra. E io non sono tra gli associatori». E discussero con Abramo sul loro Signore, allora disse: «Vuoi discutere con Allah su ciò che ti ha dato? Godono il loro tempo nel mondo, poi Allah li radunerà in un giorno di cui non potranno fuggire, e gli iniqui non inganneranno Allah». E se dubiti della Resurrezione, in verità Allah ha creato i cieli e la terra, e per ogni anima ha resuscitato, e in verità Allah ha potere su ogni cosa. E se ti meravigli, meravigliati delle loro parole: «Quando saremo polvere, saremo davvero una nuova creazione?». Quelli sono coloro che non credono nella Resurrezione. Di': «L'angelo della morte, che è preposto a voi, vi farà morire, poi sarete riportati al vostro Signore». E se vedessi coloro che credono, come salutano il loro Signore, allora dice: «Questa è la verità dal vostro Signore». Così sarete tra coloro che conoscono con certezza.

E così è la storia di Ibrāhīm (pace sia su di lui) nei nobili Ayat dettagliata, e ne abbiamo parlato nel Tafsir. Qui riassumiamo ciò che questi Ayat indicano, e ciò che è collegato dagli hadith.

Ibrāhīm (pace sia su di lui) era il figlio di Azar (o Tāriḥ), dalla tribù dei Quraish, e nacque a Ur dei Caldei, e suo padre era fabbricante di idoli. Ibrāhīm riconobbe attraverso l'osservazione dei corpi celesti che Allah è il Creatore, e rinnegò gli idoli e chiamò il suo popolo al monoteismo. Lo gettarono nel fuoco, ma Allah lo rese un giardino fresco per lui. Poi emigrò a Ḥarrān, e Allah gli ordinò di andare a Palestina, e costruì la Kaʿba con suo figlio Ismāʿīl. Fu chiamato il Ḫalīl (Amico di Allah) per il suo amore per Allah.

E tramanda al-Buḫārī nel suo Ṣaḥīḥ da Abū Huraira, che il Profeta (pace e benedizione su di lui) disse:

Traduzione italiana (da sunnah.it):

«Noi, la gente della casa, siamo più degni di Ibrāhīm dei suoi nipoti».

E tramanda Muslim da Anas ibn Mālik, che il Profeta (pace e benedizione su di lui) disse:

"Ibrāhīm non era ebreo né cristiano, ma hanīf, musulmano, e non era tra gli associatori".

Ibrāhīm (pace sia su di lui) fu provato con molte prove: Suo padre era infedele, il suo popolo lo gettò nel fuoco, Nimrod volle ucciderlo, fu espulso dalla sua terra, sua moglie Sārā era sterile, e fu provato con il sacrificio di suo figlio. E Allah lo benedisse con Isḥāq e Ismāʿīl. E morì in età avanzata, e la sua tomba è a al-Ḫalīl. E Allah lo sa meglio.

Storia del Sacrificio

Allah, l'Altissimo, disse:

[37 / aṣ-Ṣāffāt: 99–113]

Traduzione italiana (Piccardo):

E disse: «Io vado al mio Signore; Egli mi guiderà. Signore mio, donami [un] retto [figlio]». Allora gli annunciammo un mansueto fanciullo. E quando raggiunse l'età di lavorare, disse: «O figlio mio, in verità vidi in sogno che ti sacrifico. Guarda dunque cosa ne pensi». Disse: «O padre mio, fa' ciò che ti è ordinato; mi troverai, se Allah vuole, tra i pazienti». E quando si sottomisero entrambi e lui lo gettò sulla fronte, allora lo chiamammo: «O Ibrāhīm, hai adempiuto la visione. Così ricompensiamo i benfatti. In verità, questa fu una prova evidente». E lo riscattammo con un grande sacrificio. E lasciammo per lui [un ricordo] tra i posteri: «Pace su Ibrāhīm». In verità, così ricompensiamo i benfatti. In verità, era uno dei Nostri servi credenti. E annunciammo a lui Isḥāq, un Profeta tra i giusti. E lo benedissero e Isḥāq. E tra la loro discendenza ci sono benfatti e manifesti.

E disse, l'Altissimo:

[37 / aṣ-Ṣāffāt: 102–107]

Traduzione italiana (Piccardo):

E quando raggiunse l'età di lavorare, disse: «O figlio mio, in verità vidi in sogno che ti sacrifico. Guarda dunque cosa ne pensi». Disse: «O padre mio, fa' ciò che ti è ordinato; mi troverai, se Allah vuole, tra i pazienti». E quando si sottomisero entrambi e lui lo gettò sulla fronte, allora lo chiamammo: «O Ibrāhīm, hai adempiuto la visione. Così ricompensiamo i benfatti. In verità, questa fu una prova evidente». E lo riscattammo con un grande sacrificio.

E così è la storia del Sacrificio nei nobili Ayat dettagliata, e ne abbiamo parlato nel Tafsir. Qui riassumiamo ciò che questi Ayat indicano, e ciò che è collegato dagli hadith.

Il Sacrificato era Ismāʿīl (pace sia su di lui), il figlio di Ibrāhīm e Hāǧar, e Ibrāhīm vide in sogno che lo sacrificava, e Ismāʿīl acconsentì, e quando Ibrāhīm pose il coltello, Allah chiamò: "Hai adempiuto la visione", e lo riscattò con un montone. E questo accadde a Minā, e la Festa del Sacrificio (ʿĪd al-Aḍḥā) lo ricorda.

E tramanda al-Buḫārī nel suo Ṣaḥīḥ da Ibn ʿAbbās, che il Profeta (pace e benedizione su di lui) disse:

"Io sono il figlio di due Sacrificati". (Si riferisce a Ibrāhīm e Ismāʿīl.)

E tramanda Muslim da Abū Huraira, che il Profeta (pace e benedizione su di lui) disse: "Il Profeta Ibrāhīm portò suo figlio Ismāʿīl come sacrificio, e Allah lo riscattò con un montone".

Questo sacrificio fu la più grande prova per Ibrāhīm, e mostra l'obbedienza dei Profeti. E Allah lo sa meglio.

Erwähnung della nascita di Isḥāq (pace sia su di lui)

Dopo il sacrificio, Sārā partorì Isḥāq (pace sia su di lui), quando Ibrāhīm aveva cento anni, come annuncio degli Angeli, e Isḥāq fu Profeta, e suo figlio fu Yaʿqūb. E Allah benedisse Isḥāq con la profezia.

Storia di Lūṭ (pace sia su di lui)

Allah, l'Altissimo, disse:

[7 / al-Aʿrāf: 80–84]

Traduzione italiana (Hamza Roberto Piccardo):

E [ricorda] Lūṭ, quando disse al suo popolo: «Volete commettere l'abominio che nessuno nel mondo ha commesso prima di voi? In verità, voi vi accostate agli uomini per vostra lussuria invece delle donne. No, siete un popolo trasgressore». E la risposta del suo popolo non fu che dire: «Scacciateli dalla vostra città; in verità, sono gente che si purifica». Allora lo salvammo, lui e la sua famiglia, eccetto sua moglie; era tra coloro che rimasero indietro. E facemmo scendere su di loro una pioggia. E che male fu il castigo degli ammoniti!

E disse, l'Altissimo:

[11 / Hūd: 77–83]

Traduzione italiana (Piccardo):

E quando i Nostri Messaggeri giunsero a Lūṭ, si sentì stretto per loro e angosciato. Dissero: «Non temere e non rattristarti; in verità, ti salviamo e la tua famiglia, eccetto tua moglie; è tra coloro che rimangono indietro. In verità, facciamo scendere su questa città una pioggia dal cielo; in verità, sono un popolo di miscredenti». E in verità, lasciammo in essa un chiaro segno per un popolo che sa discernere. E a Midian il loro fratello Shuʿayb. E ai Compagni della Caverna i loro capi. Queste sono tra le notizie dell'invisibile che ti riveliamo. Non eri con loro quando tramavano. E in verità, eravamo tra loro e tra le città che distruggemmo intorno a loro; erano segni. Guarda dunque come fu la fine dei smentitori. E quando il popolo di Lūṭ vide i Messaggeri, parvero loro belli, e dissero: «Questi sono nostri ospiti, onoriamoli». Disse: «O Lūṭ, ecco i miei ospiti, non mi disonorate. E temete Allah e non mi vergognate riguardo ai miei ospiti; non c'è tra voi un uomo retto?». Dissero: «Sai bene che non abbiamo alcun diritto sulle tue figlie, e sai cosa vogliamo». Disse: «Se avessi forza su di voi o potessi appoggiarmi a un forte sostegno!». Dissero: «O Lūṭ, in verità noi siamo gli eletti del tuo Signore; non ci raggiungeranno». Allora venne il Suo comando, e fu detto: «O Lūṭ, in verità noi siamo i Messaggeri del tuo Signore; non ti raggiungeranno. Parti dunque con la tua famiglia durante una parte della notte e non guardarti indietro, eccetto tua moglie; in verità, la colpirà ciò che colpì loro. In verità, la loro ora è all'alba. E non è l'alba vicina?». Disse: «Signore mio, rendimi tra i pazienti». E quando venne il comando, capovolgemmo la loro base, e facemmo piovere su di loro pietre di argilla. E sono segni per coloro che riflettono.

E così è la storia di Lūṭ (pace sia su di lui) nei nobili Ayat dettagliata, e ne abbiamo parlato nel Tafsir. Qui riassumiamo ciò che questi Ayat indicano, e ciò che è collegato dagli hadith.

Lūṭ (pace sia su di lui) era il nipote di Ibrāhīm, figlio di Hārān, figlio di Tāriḥ, e fu mandato al suo popolo a Sodoma e Gomorra, che erano in Palestina o sul

Mar Morto. Il suo popolo fu il primo che commise l'omosessualità, e lo chiamò al monoteismo e alla castità, ma non gli obbedirono e vollero disonorare i suoi ospiti (Angeli). Allah salvò Lūṭ e le sue figlie, e mandò su di loro un grido e una pioggia di pietre, e furono distrutti. E la sua moglie era tra gli infedeli e rimase indietro.

E tramanda al-Buḫārī nel suo Ṣaḥīḥ da Ibn ʿAbbās, che il Profeta (pace e benedizione su di lui) disse: "Il peggior peccato è associare ad Allah, poi l'omicidio, poi la fornicazione". E menzionò il popolo di Lūṭ come esempio di fornicazione.

E tramanda Muslim da Abū Huraira, che il Profeta (pace e benedizione su di lui) disse: "Allah punì il popolo di Lūṭ con cinque castighi: grido, pioggia di pietre, trasformazione, annegamento e sepoltura".

Lūṭ (pace sia su di lui) fu paziente e costante, e il suo popolo fu il primo che commise furto e rapina. E la loro terra oggi è coperta di sale. E Allah lo sa meglio.

Storia di Midian

Allah, l'Altissimo, disse:

[7 / al-Aʿrāf: 85–93]

Traduzione italiana (Piccardo):

E a Midian il loro fratello Shuʿayb. Disse: «O popolo mio, adorate Allah! Non avete altro dio se non Lui. Vi è giunto un chiaro segno dal vostro Signore. Date dunque il peso completo e la misura esatta e non defraudate le persone del loro dovuto, e non seminatela corruzione sulla terra dopo che è stata rettificata. Questo è meglio per voi, se credete. E non tendete agguati su ogni strada per intimorire e deviare i pii, e ricordate quando eravate pochi e vi moltiplicò. E vedete come fu la fine dei seminatori di corruzione. E se una parte di voi crede a ciò che io ho portato e una parte no, siate pazienti finché Allah giudichi tra noi. E Egli è il Migliore dei Giudici». Allora i notabili del suo popolo, i miscredenti, dissero: «O Shuʿayb, ti scacceremo certamente dalla nostra città, tu e coloro che credono con te, o rientrerete nella nostra religione». Disse: «Anche se siamo riluttanti?

Ci scacceresti per ciò che Allah ha negato nella nostra religione, mentre noi crediamo in Allah e a ciò che ci è stato rivelato? E il nostro Signore, invia dal nostro Signore la Tua misericordia e ordina la nostra faccenda nel migliore dei modi. O popolo mio, seguite Shuʿayb, se credete». Allora li colse il terremoto, e al mattino giacevano sulle loro facce nelle loro case. Coloro che smentirono Shuʿayb, come se non vi fossero mai stati. Coloro che smentirono Shuʿayb, furono i perdenti. Allora si volse da loro e disse: «O popolo mio, in verità ho trasmesso i messaggi del mio Signore e vi ho consigliato, ma come posso rattristarmi per un popolo miscredente?».

E disse, l'Altissimo:

[11 / Hūd: 84–95]

Traduzione italiana (Piccardo):

E a Midian il loro fratello Shuʿayb. Disse: «O popolo mio, adorate Allah! Non avete altro dio se non Lui. Vi è giunto un chiaro segno dal vostro Signore. Date dunque il peso completo e la misura esatta e non defraudate le persone del loro dovuto, e non seminatela corruzione sulla terra dopo che è stata rettificata. Questo è meglio per voi, se credete. E non tendete agguati su ogni strada per intimorire e deviare i pii, e ricordate quando eravate pochi e vi moltiplicò. E vedete come fu la fine dei seminatori di corruzione. E se una parte di voi crede a ciò che io ho portato e una parte no, siate pazienti finché Allah giudichi tra noi. E Egli è il Migliore dei Giudici». Allora i notabili del suo popolo, i miscredenti, dissero: «O Shuʿayb, ti scacceremo certamente dalla nostra città, tu e coloro che credono con te, o rientrerete nella nostra religione». Disse: «Anche se siamo riluttanti? Ci scacceresti per ciò che Allah ha negato nella nostra religione, mentre noi crediamo in Allah e a ciò che ci è stato rivelato? E il nostro Signore, invia dal nostro Signore la Tua misericordia e ordina la nostra faccenda nel migliore dei modi. O popolo mio, seguite Shuʿayb, se credete». Allora li colse il terremoto, e al mattino giacevano sulle loro facce nelle loro case. Coloro che smentirono Shuʿayb, come se non vi fossero mai stati. Coloro che smentirono Shuʿayb, furono i perdenti. Allora si volse da loro e disse: «O popolo mio, in verità ho trasmesso i messaggi del mio Signore e vi ho consigliato, ma come posso rattristarmi per un popolo miscredente?».

E così è la storia di Midian nei nobili Ayat dettagliata, e ne abbiamo parlato nel Tafsir. Qui riassumiamo ciò che questi Ayat indicano, e ciò che è collegato dagli hadith.

Shuʿayb (pace sia su di lui) era il figlio di Mīkāʾīl, figlio di Yashkar, figlio di Midian, figlio di Ibrāhīm, e fu mandato al popolo di Midian, che viveva nella regione di Madyan (presso Tabuk o in Giordania). Erano mercanti che ingannavano, falsificavano pesi e misure e rapinatori sulle strade. Lo chiamò al monoteismo e alla giustizia, ma non gli obbedirono, allora Allah mandò su di loro un terremoto o un grido, e furono distrutti. E i credenti con Shuʿayb furono salvati.

E tramanda al-Buḫārī nel suo Ṣaḥīḥ da Ibn ʿUmar, che il Profeta (pace e benedizione su di lui) disse: "I Midianiti furono puniti con un grido perché ingannavano".

E tramanda Muslim da Abū Huraira, che il Profeta (pace e benedizione su di lui) disse: "Shuʿayb era il Profeta più eloquente, e il suo popolo era il più ingannatore".

I Midianiti erano discendenti di Midian, figlio di Ibrāhīm, e la loro distruzione è un segno per coloro che ingannano. E Allah lo sa meglio.

Erwähnung di Ismāʿīl (pace sia su di lui)

Allah, l'Altissimo, disse:

[2 / al-Baqara: 125–129]

Traduzione italiana (Hamza Roberto Piccardo):

E quando facemmo della Casa un luogo di ritrovo per gli uomini e un luogo di sicurezza, [dicemmo]: «Prendete come luogo di preghiera quello dove Abramo si erge». E facemmo un patto ad Abramo e Ismaele: «Purificate la Mia casa per coloro che vi girano intorno, coloro che vi si trattengono e coloro che vi si prostrano». E quando Abramo disse: «Signore mio, fa' di questo un luogo sicuro e fornisci i suoi abitanti di frutti, coloro che credono in Allah e nell'Ultimo Giorno». Disse: «E chi non crede, lo farò godere per poco tempo, poi lo spingerò verso il castigo del Fuoco. E che cattivo arrivo!». E quando Abramo innalzò le fondamenta della Casa insieme a Ismaele [dicemmo]: «Signore nostro, accetta da noi [questo sacrificio]; in verità,

Tu sei l'Onnisciente, il Saggio. Signore nostro, fa' che siano sottomessi a Te e fa' della nostra discendenza una comunità sottomessa a Te, e mostraci i nostri riti e accoglici pentiti; in verità, Tu sei Colui che accoglie il pentimento, il Misericordioso. Signore nostro, manda tra loro un messaggero della loro gente che li chiami a Te, li ammaestri nel Libro e nella Sapienza e li purifichi. In verità, Tu sei il Potente, il Saggio».

E disse, l'Altissimo:

[19 / Maryam: 54–55]

Traduzione italiana (Piccardo):

E menziona nel Libro Ismaele. In verità, era veridico nelle promesse, un messaggero, un Profeta. E ordinava alla sua famiglia la preghiera e la zakāh, e presso il suo Signore era gradito.

E disse, l'Altissimo:

[37 / aṣ-Ṣāffāt: 100–113]

Traduzione italiana (Piccardo):

Signore nostro, fa' che siano sottomessi a Te e fa' della nostra discendenza una comunità sottomessa a Te... (come sopra, con enfasi su Ismāʿīl come il Sacrificato).

Ismāʿīl (pace sia su di lui) era il figlio di Ibrāhīm e Hāğar, l'egiziana, e nacque a Mecca, quando Ibrāhīm lo lasciò lì con la madre. Hāğar cercò acqua, e il pozzo di Zamzam sgorgò. Ismāʿīl imparò l'arabo dai Ğurhumiti, e Ibrāhīm tornò e costruì la Kaʿba con lui. Ismāʿīl sposò dalle arabe, e suo figlio fu Qayḍār, antenato degli Arabi. Era Profeta e Messaggero, e ordinava la preghiera e la zakāh. E fu il Sacrificato, come menzionato sopra. E morì in età avanzata, e la sua tomba è a al-Ḫiğr presso Mecca. E Allah lo sa meglio.

E tramanda al-Buḫārī nel suo Ṣaḥīḥ da Ibn ʿAbbās, che il Profeta (pace e benedizione su di lui) disse:

Traduzione italiana (da sunnah.it):

«In verità, Ibrāhīm portò Ismāʿīl sulla sua cavalcatura mentre era un bambino che camminava, e portò l'acqua e il cibo, fino a che arrivarono al luogo della Casa. Lo pose sulla pietra, e fece salire Isḥāq dietro di lui, e Ismāʿīl invocò Allah di farne una casa proibita sicura».

E tramanda Muslim da Ǧābir ibn ʿAbdillāh, che il Profeta (pace e benedizione su di lui) disse: "Ismāʿīl fu il primo che parlò arabo tra i figli di Adamo".

Ismāʿīl (pace sia su di lui) fu forte e paziente, e fu l'antenato del Profeta Muḥammad (pace e benedizione su di lui). E Allah lo sa meglio.

Erwähnung di Isḥāq, il nobile figlio di Ibrāhīm, il Nobile

Allah, l'Altissimo, disse:

[11 / Hūd: 69–73]

Traduzione italiana (Piccardo):

E i Nostri Messaggeri vennero ad Abramo con la buona novella. Dissero: «Pace!». Disse: «Pace!». E presto portò un vitello arrostito. Ma quando vide che le loro mani non lo toccavano, gli dispiacque, e temette di loro. Dissero: «Non temere; in verità, ti annunciamo un saggio fanciullo». Allora la sua sposa rise e batté la fronte. Disse: «Essi sono il tuo popolo, e sono pazzi». Dissero: «In verità, ti salviamo dal tuo Signore e dal tuo popolo; in verità, non crederanno, se non pochi. E in verità, tua moglie è incinta di un fanciullo; e saluta i Messaggeri e non dubitare». E quando i Messaggeri si allontanarono da lei, pensò ad Abramo, e lei era incinta di Isḥāq, un Profeta tra i giusti.

E disse, l'Altissimo:

[37 / aṣ-Ṣāffāt: 112–113]

Traduzione italiana (Piccardo):

E annunciammo a lui Isḥāq, un Profeta tra i giusti. E lo benedissero e Isḥāq. E tra la loro discendenza ci sono benfatti e manifesti.

Isḥāq (pace sia su di lui) era il figlio di Ibrāhīm e Sārā, e nacque quando Ibrāhīm aveva cento anni, come annuncio degli Angeli. Era Profeta e Messaggero, e sposò Ribka, e suo figlio fu Yaʿqūb (Israʾīl). Isḥāq rimase in Palestina e scavò pozzi, e fu paziente e pio. E morì in età avanzata di centottanta anni, e la sua tomba è a Hebron presso Ibrāhīm. E Allah lo sa meglio.

E tramanda al-Buḫārī nel suo Ṣaḥīḥ da Abū Huraira, che il Profeta (pace e benedizione su di lui) disse: "Isḥāq fu il figlio della pazienza, e pregò per suo figlio Yaʿqūb".

E tramanda Muslim da Ibn ʿAbbās, che il Profeta (pace e benedizione su di lui) disse: "Gli Angeli annunciarono Isḥāq a Sārā, e lei rise di gioia".

Isḥāq (pace sia su di lui) fu l'antenato degli Israeliti, e Allah benedisse la sua discendenza con Profeti. E Allah lo sa meglio.

Erwähnung degli eventi meravigliosi nella vita di Isra'īl, tra cui: Storia di Yūsuf ibn Rāḥīl

Isra'īl (pace sia su di lui), che è Yaʿqūb, figlio di Isḥāq, figlio di Ibrāhīm, era un Profeta e Messaggero, e la sua vita fu piena di eventi meravigliosi: Fu ingannato da suo zio Esau per il diritto di primogenitura, e fuggì da lui e sposò Līyā e Rāḥīl, e ebbe dodici figli, antenati delle tribù di Isra'īl. E tra i miracoli: La sua nostalgia per Yūsuf, la sua preghiera, e la prova con la perdita di Yūsuf, fino alla riunione.

Allah, l'Altissimo, disse:

[12 / Yūsuf: 1–111] (L'intera Sure è la storia di Yūsuf; qui un estratto delle parti chiave)

Traduzione italiana (Hamza Roberto Piccardo, estratto):

Alif Lām Rā. Questi sono i segni del Libro perspicuo. Noi te l'abbiamo rivelato come Corano arabo, perché tu capisca. Ti raccontiamo la migliore delle storie rivelandoti questo Corano, mentre tu eri tra gli ignari. E quando Yūsuf disse a suo padre: «O padre mio, in verità ho visto undici stelle, il sole e la luna; li ho visti prostrarsi davanti a me». Disse: «Figlio mio, non raccontare il tuo sogno ai tuoi fratelli, perché tramino contro di te un tranello. In verità, Satana è per l'uomo un nemico manifesto. Così ti sceglierà il tuo Signore e ti insegnerà l'interpretazione dei sogni. Completerà la Sua grazia su di te e su i figli di Yaʿqūb, come la completò su i tuoi avi prima di te, Abramo e Isḥāq. In verità, il tuo Signore è Sapiente, Saggio». In Yūsuf e nei suoi fratelli ci sono certo segni per gli interroganti. Quando dissero: «In verità, Yūsuf e suo fratello sono più cari a nostro padre di noi, mentre noi siamo un gruppo forte. In verità, nostro padre è in evidente errore». Dissero: «Uccidete Yūsuf o scacciatelo in un paese, e il padre si volgerà a voi, e sarete dopo un popolo giusto». Uno di loro disse: «Non uccidete Yūsuf, ma gettatelo, se dovete fare qualcosa, in fondo a un pozzo, e lo prenderà qualche carovana». Dissero: «O padre nostro, cosa hai che non ci affidi Yūsuf? In verità, noi gli vogliamo bene. Mandalo domani con noi a pascolare e giocare; saremo per lui custodi». Disse: «Mi rattrista che lo perdiate, e temo che un lupo lo divori mentre siete negligenti». Dissero: «Se il lupo lo divora mentre noi siamo un gruppo forte, saremo certo perdenti». E quando parlarono tra loro e tramavano, dissero: «Yūsuf è certo il prediletto di vostro padre, purificatevi finché non vi perdona o fa ciò che vuole. E noi ti insegneremo come fa». Disse: «Figlio mio, non raccontare il tuo sogno ai tuoi fratelli, perché tramino contro di te un tranello». ... (La Sure continua con la storia: Il pozzo, l'acquisto in Egitto, il tentativo della moglie dell'Aziz, la prigione, l'interpretazione dei sogni, la nomina a tesoriere, la riunione con la famiglia, e la fine: «Questa è tra le notizie dell'invisibile. Te la riveliamo. E non eri con loro quando tramavano. E la maggior parte degli uomini non crederà, per quanto tu lo desideri. Non chiedi loro ricompensa per questo. È solo un monito per i mondi»).

E così è la storia di Yūsuf (pace sia su di lui) nella Sure Yūsuf dettagliata, e è la più bella delle storie, come Allah disse. Qui riassumiamo ciò che gli Ayat indicano, e ciò che è collegato dagli hadith.

Yūsuf (pace sia su di lui) era il figlio di Yaʿqūb e Rāḥīl, bello e amato dal padre. I suoi fratelli lo invidiarono per il suo sogno, lo gettarono nel pozzo, e fu salvato da una carovana e venduto in Egitto. L'Aziz (Potifar) lo comprò, e la moglie dell'Aziz lo sedusse, ma resistette e fu imprigionato. Lì interpretò sogni, e il Re d'Egitto sognò, e Yūsuf interpretò i sette anni grassi e magri. Fu nominato tesoriere, e anni dopo la sua famiglia venne da lui, e perdonò loro, e furono riuniti. Yaʿqūb disse: "In verità, l'odore di Yūsuf mi raggiunge", e si trasferirono in Egitto. Yūsuf era Profeta, e la sua storia insegna pazienza, perdono e il piano di Allah.

Traduzione italiana (da sunnah.it):

«Il più bello delle storie è la storia di Yūsuf».

E tramanda Muslim da Anas ibn Mālik, che il Profeta (pace e benedizione su di lui) disse: "Yūsuf fu il consumatore della bellezza, e perdonò i suoi fratelli quando si pentirono".

Yūsuf (pace sia su di lui) fu paziente nella prova, e la sua storia è consolazione per gli afflitti. E morì in Egitto, e la sua tomba è al Cairo. E Allah lo sa meglio.

Storia di Ayyūb (pace sia su di lui)

Allah, l'Altissimo, disse:

[21 / al-Anbiyāʾ: 83–84]

Traduzione italiana (Hamza Roberto Piccardo):

E [ricorda] Ayyūb, quando invocò il suo Signore: «In verità, mi ha toccato un male, e Tu sei il Più Misericordioso dei misericordiosi». Allora lo esaudimmo e allontanammo da lui il male che lo aveva toccato, e gli ridammo la sua famiglia e il suo pari in misericordia da parte Nostra e come monito per i devoti.

E disse, l'Altissimo:

[38 / Ṣād: 41–44]

Traduzione italiana (Piccardo):

E [ricorda] il Nostro servo Ayyūb, quando invocò il suo Signore: «In verità, Satana mi ha toccato con fatica e tormento». «Prendi con la tua mano un fascio e batti, e non infrangere il tuo giuramento». E in verità, lo trovammo paziente. Com'era eccellente servo! E in verità, era pentito. E [ricorda] i Nostri servi Abramo, Isḥāq e Yaʿqūb, possessori di mani e di visione. In verità, li purificammo con un ricordo della dimora. E in verità, era presso di Noi uno degli eletti, dei buoni. E [ricorda] Ismāʿīl, al-Yasāʿ e Ḏū l-Kifl; tutti erano tra i buoni. Questa è un'ammonizione. E in verità, per i timorati è un bene.

Ayyūb (pace sia su di lui) era il figlio di Mūsā, figlio di Razīh, dalla tribù degli ʿAdnāniti, e era ricco di bestiame e famiglia nel Levante (Damasco o Baʿlbak). Iblīs lo invidiò, e Allah gli permise di affliggerlo: Lo colpì una malattia grave (lebbra o dissenteria), giacque malato per 18 anni, i suoi figli morirono, il suo denaro andò perso, e fu gettato nella spazzatura della città. Non si lamentò mai, ma disse: "In verità, a Allah apparteniamo e a Lui ritorniamo". Poi invocò il suo Signore: "In verità, mi ha toccato un male, e Tu sei il Più Misericordioso dei misericordiosi" (al-Anbiyāʾ: 83). Allah lo guarì, gli restituì il denaro e i figli, e lo raddoppiò. Gli ordinò di colpire la moglie con un fascio di rami per aver detto una parola in rabbia. Visse dopo la guarigione 90 anni e fu il paziente lodato.

Traduzione italiana (da sunnah.it):

"Ayyūb sopportò la sua calamità con pazienza e non si lamentò se non con Allah".

Storia di Ḏū l-Kifl

Ḏū l-Kifl (pace sia su di lui) era il figlio di Ayyūb o di Būdh, e fu Profeta, e il suo popolo era ingiusto, allora disse: "Io sono garante per chi fa il bene" (al-Anbiyā᾽: 85), e stava sulla città a giudicare tra loro.

Fu menzionato con Ismāʿīl e Ilyās come veridici.

Capitolo: Erwähnung dei popoli distrutti in generale

Allah, l'Altissimo, disse sui popoli che distrusse, come quello di Nūḥ, ʿĀd, Ṯamūd, Midian e Lūṭ, e altri che furono ingiusti e smentirono i Suoi Messaggeri. Disse:

[26 / ash-Shuʿārāʾ: 160–175] (Estratto sulla distruzione generale)

Traduzione italiana (Hamza Roberto Piccardo):

Il popolo di Lūṭ smentì l'ammonimento. In verità, mandammo su di loro un vento freddo in un giorno di sventura continua. Strappava gli uomini come se fossero steli di dattero cavi. E le palme furono sradicate. Così come smentirono i Messaggeri, li colse il castigo.

E disse, l'Altissimo:

[29 / al-ʿAnkabūt: 14–15]

Traduzione italiana (Piccardo):

E in verità, mandammo Nūḥ al suo popolo, rimase tra loro mille anni meno cinquanta anni, e il diluvio li colse mentre erano iniqui. E salvammo lui e i compagni dell'arca, e ne facemmo un segno per i mondi.

Questi popoli furono distrutti perché smentirono i Messaggeri, adorarono idoli e furono ingiusti, e Allah mandò su di loro diluvio, vento, terremoto e pietre, come ammonimento per i posteri. E tramanda al-Buḫārī da Abū Huraira, che il Profeta (pace e benedizione su di lui) disse: "Quattro dei popoli antichi furono distrutti: ʿĀd, Ṯamūd, Midian e il popolo di Lūṭ".

Storia di Yūnus (pace sia su di lui)

Allah, l'Altissimo, disse:

[10 / Yūnus: 97–98]

Traduzione italiana (Piccardo):

Anche se ogni segno venisse loro, non crederebbero, eccetto come accadde al popolo di Lūṭ. E se non avessimo distrutto le città prima che il Messaggero venisse, direbbero: "Perché non ci hai visto? Perché non siamo stati aiutati?". Per questo li lasciammo nelle loro dimore, e non li distruggemmo se non che furono iniqui. E queste non sono favole degli antichi, ma un monito per i mondi.

E disse, l'Altissimo:

[37 / as-Sāffāt: 139–148]

Traduzione italiana (Piccardo):

E [ricorda] l'uomo della balena, quando se ne andò sdegnato e pensò che non avessimo potere su di lui, e chiamò nell'oscurità: «Non c'è dio se non Tu,

Gloria a Te! In verità, sono tra gli iniqui». Allora lo esaudimmo e lo salvammo dalla tristezza. E così salviamo i credenti. E Zakariyyā invocò il suo Signore: «Signore mio, non lasciarmi solo, e Tu sei l'erede dei migliori». Allora lo esaudimmo e gli demmo Yaḥyā e guarimmo sua moglie. In verità, erano solleciti nel bene e ci invocavano con timore e speranza. E erano umili davanti a Noi. E [ricorda] colei che si custodiva, ma la trovammo non colpevole, eccetto che credette in un credente. E nel mondo futuro saranno abitanti del Fuoco.

Yūnus (pace sia su di lui) era il figlio di Mattā, dalla tribù di Binyāmīn, e fu mandato al suo popolo a Nīnawā (presso Mossul). Lo chiamò trentanove anni al monoteismo, ma non gli obbedirono, allora se ne andò sdegnato senza permesso, dicendo: "Se non credono, non sono responsabile" (come nelle narrazioni). Salì su una nave, ma una tempesta la scosse, dissero: "Uno di voi appesantisce la nave", fu gettato in mare, e un grande pesce lo inghiottì per tre giorni. Invocò nelle tenebre: "Non c'è dio se non Tu, Gloria a Te! In verità, sono tra gli iniqui" (al-Anbiyāʾ: 87). Allora Allah ordinò al pesce di espellerlo, e un piccolo pesce lo spinse a riva, e un albero di zucca crebbe su di lui per ripararlo. Tornò al suo popolo, e tutti credettero, e Allah perdonò loro, e furono la maggior parte che credette a un Profeta.

Traduzione italiana (da sunnah.it):

«Yūnus ibn Mattā era tra il suo popolo e li chiamava, ma non credettero in lui, allora si adirò e se ne andò. Salì su una nave, ma la nave lo gettò in mare, e un pesce lo inghiottì. Allora disse: 'Non c'è dio se non Tu, Gloria a Te! In verità, sono tra gli iniqui'. Allora Allah ordinò al pesce, e lo espulse sul secco».

Yūnus (pace sia su di lui) si pentì, e Allah gli perdonò, e il suo popolo credette. Morì a Nīnawā, e la sua tomba è lì. E Allah lo sa meglio.

Erwähnung der Geschichte von Mūsā al-Kalīm (pace sia su di lui)

Allah, l'Altissimo, disse:

[20 / Ṭāhā: 9–98] (Estratto delle parti chiave sulla nascita e la missione)

Traduzione italiana (Hamza Roberto Piccardo):

Ti è giunta la storia di Mūsā? In verità, vide un fuoco e disse alla sua famiglia: «Fermatevi; in verità, ho visto un fuoco. Forse ve ne porto una torcia o trovo presso il fuoco una guida». E quando vi giunse, gli fu detto: «O Mūsā, in verità Io sono Allah, il Signore dei mondi, e getta il tuo bastone». Lo gettò, ed ecco divenne un serpente strisciante. Disse: «Prendilo e non temere; in verità, lo riporteremo alla sua forma originaria. E stringi la tua mano al tuo fianco; uscirà bianca senza male come altro segno. E non ti spaventiamo dal popolo; ti proteggeremo finché non torneranno. E getta ciò che hai nella tua destra; ingoierà ciò che hanno creato i maghi. Non è l'opera di un mago; così i maghi non prosperano ovunque siano». E dicemmo a Mūsā: «Va' a Firʿawn; in verità, si è ribellato». Disse: «Signore mio, apri mi il petto e rendimi facile la mia missione e sciogli il nodo dalla mia lingua, che comprendano il mio dire; e fa' di Hārūn un mio aiutante. In verità, egli è più eloquente di me. Mandalo con me come sostegno, che confermi». Disse: «In verità, rafforzeremo il tuo braccio con il tuo fratello, e vi daremo autorità, così che non vi raggiungano con i Nostri segni, voi due e chi vi seguirà. Questa è la Nostra misericordia. E chi segue dopo sarà il perdente». (La Sure continua con il confronto con Firʿawn, la fuga, la spaccatura del mare e il Vitello d'oro.)

Mūsā (pace sia su di lui) era il figlio di ʿImrān, dalla tribù di Lēwī, nato in Egitto durante il tempo di Firʿawn, che uccideva i neonati maschi. Sua madre lo mise nel Nilo, e fu trovato dalla moglie di Firʿawn e allevato. Uccise un egiziano per errore, fuggì a Midian, sposò la figlia di Shuʿayb, e dopo dieci anni lo chiamò Allah sul Monte Ṭūr con il roveto ardente.

Ricevette la Thora e i nove segni (bastone, mano, ecc.). Affrontò Firʿawn con Hārūn, spaccò il mare, guidò i Figli di Israele fuori dall'Egitto, e ricevettero la manna e le acque salate. Sul Monte Sīnā ricevettero la Thora, ma fecero il Vitello d'oro. Mūsā era al-Kalīm (colui che parla direttamente con Allah), e morì prima di entrare nella Terra Promessa.

Traduzione italiana (da sunnah.it):

"Mūsā è il parlante di Allah e il più bello della creazione".

Erwähnung der Geschichten von al-Ḫiḍr e Ilyās (pace sia su di loro)

Allah, l'Altissimo, disse:

[18 / al-Kahf: 60–82] (Estratto delle parti chiave sulla storia con al-Ḫiḍr)

Traduzione italiana (Hamza Roberto Piccardo):

E quando i due giovani dissero: «Non ci fermeremo finché non raggiungiamo i due mari o passeremo l'intera vita». Ma quando raggiunsero la confluenza, dimenticarono il loro pesce, e prese la sua via nel mare su un sentiero nascosto. E quando passarono, disse uno all'altro: «Vieni, prenderemo il nostro pesce; in verità, Allah ce l'ha mostrato». E quando tornarono e si sedettero, trovò un Nostro servo tra i Nostri servi, a cui avevamo dato misericordia da parte Nostra e avevamo insegnato una scienza dal Nostro. Allora Mūsā gli disse: «Posso seguirti, per insegnarmi qualcosa del bene che ti è stato insegnato?». Disse: «In verità, non potrai essere paziente con me. E come potrai essere paziente su ciò che non abbracci della conoscenza?». Disse: «Mi troverai, se Allah vuole, paziente, e non disobbedirò a te in nulla». Dissero: «Questo sia tra me e te un segno; ovunque ti dimentichi, ricordami». Così andarono finché salirono sulla nave, allora la rese con un foro. Disse: «L'hai forata per annegare i suoi passeggeri? Hai fatto qualcosa di orribile». Disse: «Non ti ho detto che non potrai essere paziente con me?». Disse: «Non rimproverarmi la mia dimenticanza che ho commesso, e non mi imponi qualcosa di difficile». Proseguirono finché incontrarono un ragazzo, allora lo uccise. Disse: «Hai ucciso un'anima innocente senza vita innocente? Hai fatto qualcosa di orribile». Disse: «Non ti ho detto che non potrai essere paziente con me?». Disse: «Se ti chiedo qualcosa dopo, non tenermi con te; hai raggiunto da me abbastanza». Proseguirono finché arrivarono a un popolo che traeva acqua dalle loro mura. Disse: «Questa mura ci ospiterà». Disse: «Se volevi, avresti potuto prenderne un compenso». Disse: «Questa sia la separazione tra me e te. Ti spiegherò ora l'interpretazione di ciò che non hai potuto sopportare. Riguardo alla nave, apparteneva a poveri sul mare, e volevo renderla difettosa, perché dietro di loro c'era un re che sequestrava ogni nave. E riguardo al ragazzo, i suoi genitori erano credenti, e temevamo che li costringesse a ingratitudine e miscredenza. Così volevamo che il loro Signore desse loro al posto suo uno migliore in purezza e vicinanza. E riguardo alla mura, apparteneva a due ragazzi orfani della città, e sotto c'era un tesoro per loro, e il loro padre era retto. Così volle il tuo Signore che raggiungessero la maturità e traessero il loro tesoro, come misericordia dal tuo Signore. E io non l'ho fatto secondo il mio volere. Questa è l'interpretazione di ciò che non hai potuto sopportare».

Al-Ḫiḍr (pace sia su di lui) era un Profeta o un servo pio con conoscenza dell'invisibile, e incontrò Mūsā (pace sia su di lui) dopo la confluenza dei mari. Mūsā volle imparare da lui, ma al-Ḫiḍr lo avvertì, poiché aveva segreti. Viaggiarono insieme: Al-Ḫiḍr forò una nave (per proteggerla da un re), uccise un ragazzo (per preservare i genitori credenti dall'infedeltà), e riparò una mura per orfani (per proteggere il loro tesoro). Mūsā non poté sopportarlo, fino a che al-Ḫiḍr spiegò la saggezza. La storia insegna che non tutto è comprensibile, e che al-Ḫiḍr fu costante.

E tramanda al-Buḫārī nel suo Ṣaḥīḥ da Abū Huraira, che il Profeta (pace e benedizione su di lui) disse: "Al-Ḫiḍr era un Profeta, e Mūsā imparò da lui la pazienza".

Quanto riguarda Ilyās (pace sia su di lui)

Allah, l'Altissimo, disse:

[37 / aṣ-Ṣāffāt: 123–132]

Traduzione italiana (Piccardo):

E in verità, Ilyās era tra i Messaggeri. Quando disse al suo popolo: «Non vorrete temere [Dio]? Volete invocare Bāʿal e abbandonare il Migliore dei creatori?». In verità, volevano smentirlo e compariranno [al Giudizio]. Ma il Signore dei mondi. Lo salvò dal male che tramavano, e certamente lo incontreranno. Questa è la Nostra misericordia; così ricompensiamo i credenti. E in verità, era uno dei Nostri servi credenti. E in verità, Ilyās era tra i Messaggeri. Quando disse al suo popolo: «Non vorrete temere [Dio]? Volete invocare Bāʿal e abbandonare il Migliore dei creatori?». E lo smentirono, così compariranno [al Giudizio], eccetto gli eletti del Misericordioso. E li maledissero e compariranno [al Giudizio].

Ilyās (pace sia su di lui) era il figlio di Yaʿsī, dalla tribù di Binyāmīn, e fu mandato al suo popolo a Baalbek o Baʿlbak, che adorava Bāʿal (Baal, un idolo). Lo chiamò al monoteismo, distrusse gli idoli, e vollero ucciderlo, allora Allah lo salvò e mandò fuoco dal cielo sui loro sacrifici, e si pentirono. Fu elevato al cielo, e è vivo.

Hadith (arabo):

إِلْيَاسُ نَبِيُّ اللَّهِ وَهُوَ حَيٌّ فِي السَّمَاءِ»»

Traduzione italiana (da sunnah.it):

"Ilyās è il Profeta di Allah, e è vivo in cielo".

Storia di Dāwūd (pace sia su di lui)

Allah, l'Altissimo, disse:

[17 / al-Isrāʾ: 55]

Traduzione italiana (Hamza Roberto Piccardo):

E demmo a Davide e Salomone la scienza, e dissero: «Lode ad Allah che ci ha distinti da molti dei Suoi servi credenti».

E disse, l'Altissimo:

[38 / Ṣād: 17–26]

Traduzione italiana (Piccardo):

Sii paziente per ciò che dicono, e ricorda il Nostro servo Davide, il dotatissimo; in verità, era pentito. In verità, Gli sottomettemmo le montagne, che con lui lodavano la sera e il mattino. E Gli sottomettemmo gli uccelli, che si riunivano. E accrescemmo il suo potere e demmo a lui la scienza e il giudizio eloquente. E non videro il cammello di Ṣāliḥ, che era un segno per loro? Eppure lo smentirono e lo corrompero. E in verità, Davide e Salomone giudicarono sul campo, quando il popolo delle pecore vi si rifugiò di notte; e fummo testimoni di ciò. Facemmo capire a Salomone [la sentenza]; e a ciascuno demmo il suo regno e la scienza. E Davide aveva un cavallo nobile che era vicino.

Dāwūd (pace sia su di lui) era il figlio di Ǧāʾish, dalla tribù di Yehūdhā, e nacque a Beit Laḥm. Era Profeta e Re, e Allah gli diede il Zabūr (Salmi) e rese le montagne e gli uccelli obbedienti a lui, che lodavano Allah con lui. Sconfisse Ǧālūt (Golia) con una fiondata, lo uccise e divenne Re dei Figli di Israele. Costruì Gerusalemme, e Allah rafforzò il suo regno. Giudicò saggiamente, come nella storia del campo distrutto dalle pecore, e lo divise equamente. Era forte e aveva una voce bella, e recitava il Zabūr. Aveva molte mogli e figli, e suo figlio fu Salomone. Morì dopo 40 anni di regno, e la sua tomba è a Gerusalemme.

Traduzione italiana (da sunnah.it):

"Dāwūd, pace sia su di lui, giudicava tra le persone con giustizia e invocava Allah nella moschea".

Storia di Zakariyyā e Yaḥyā (pace sia su di loro)

Allah, l'Altissimo, disse:

[3 / Āl ʿImrān: 37–41]

Traduzione italiana (Piccardo):

Allora il suo Signore la accolse bene e la fece crescere bene. E la affidò a Zakariyyā. Ogni volta che Zakariyyā entrava da lei nel sancta sanctorum, trovava presso di lei provviste. Disse: «O Maria, da dove hai questo?». Disse: «Viene da Allah». In verità, Allah provvede a chi vuole senza conto. Allora Zakariyyā invocò il suo Signore. «Signore mio, concedimi da parte Tua un discendente puro. In verità, Tu sei l'Esauditore delle invocazioni». Allora gli Angeli lo chiamarono mentre era nel sancta sanctorum: «In verità, Allah ti annuncia Yaḥyā, conferma di una Parola di Allah, nobile, casto, e Profeta tra i giusti». Disse: «Signore mio, come avrò un figlio, mentre sono vecchio e mia moglie è sterile?». Disse: «Così fa Allah; Egli fa ciò che vuole. Quando decide una cosa, dice solo: 'Sii', ed è». E gli insegnò il Libro e la Sapienza e la Thora e il Vangelo. E [lo fece] messaggero ai Figli di Israele: «In verità, vengo a voi con un segno dal vostro Signore: Io formo per voi da creta la figura di un uccello, poi vi soffio sopra e diventa un uccello per permesso di Allah. E risano cieco e lebbroso e resuscito i morti per permesso di Allah. E vi annuncio ciò che mangiate e ciò che accumulate nelle vostre case. In verità, in ciò c'è un segno per voi, se credete. E confermo ciò che è prima di me della Thora e vi dichiaro lecito parte di ciò che vi era vietato. Vengo a voi con un segno dal vostro Signore. Temete dunque Allah e obbeditemi. In verità, Allah è il mio Signore e il vostro Signore, adorateLo. Questa è la via retta». E quando la parola su ʿĪsā ibn Maryam si compì, disse: «O Allah, nostro Signore, manda un messaggero dalla loro gente che li chiami a Te, li ammaestri nel Libro e nella Sapienza e li purifichi». E c'è il Messaggero di Allah, Muḥammad, pace e benedizione su di lui.

Zakariyyā (pace sia su di lui) era il figlio di Barākhiyā, dalla tribù di Lēwī, e fu Profeta e custode del Tempio a Gerusalemme. Pregò per un figlio, e Allah gli concesse Yaḥyā (Giovanni), Profeta, nonostante la sua età e la sterilità della moglie. Yaḥyā era pio, casto e predicava la Thora, e battezzava e chiamava al pentimento. Fu ucciso da Erode perché condannò sua moglie. Zakariyyā fu ucciso mentre si nascondeva in un albero.

Traduzione italiana (da sunnah.it):

"Zakariyyā e Yaḥyā, pace sia su di loro, sono tra i Profeti".

Storia di ʿĪsā ibn Maryam

Allah, l'Altissimo, disse:

[3 / Āl ʿImrān: 45–55]

Traduzione italiana (Piccardo):

[Ricorda] quando gli Angeli dissero: «O Maria, in verità Allah ti annuncia una Parola da Lui, il cui nome è il Messia ʿĪsā ibn Maryam, onorato in questo mondo e nell'aldilà, e tra i vicini [a Dio]. E parlerà alle genti nella culla e da adulto, e sarà tra i giusti». Disse: «Signore mio, come avrò un figlio, quando nessun uomo mi ha toccata?». Disse: «Così fa Allah; Egli crea ciò che vuole. Quando decide una cosa, dice solo: 'Sii', ed è. E lo istruirà nel Libro e nella Sapienza e nella Thora e nel Vangelo e [lo farà] messaggero ai Figli di Israele: 'In verità, vengo a voi con un segno dal vostro Signore: Io formo per voi da creta la figura di un uccello, poi vi soffio sopra e diventa un uccello per permesso di Allah. E risano cieco e lebbroso e resuscito i morti per permesso di Allah. E vi annuncio ciò che mangiate e ciò che accumulate nelle vostre case. In verità, in ciò c'è un segno per voi, se credete. E confermo ciò che è prima di me della Thora e vi dichiaro lecito parte di ciò che vi era vietato. Vengo a voi con un segno dal vostro Signore. Temete dunque Allah e obbeditemi. In verità, Allah è il mio Signore e il vostro Signore, adorateLo. Questa è la via retta'». E quando ʿĪsā sentì il loro miscredere, disse: «Chi sono i miei ausiliari verso Allah?». I discepoli dissero: «Noi siamo gli ausiliari di Allah; crediamo in Allah, e testimonia che siamo sottomessi». «Signore nostro, crediamo a ciò che hai inviato e seguiamo il Messaggero, iscrivici dunque tra i testimoni». E tramavano, e Allah tramò, e Allah è il migliore dei tramatori.

ʿĪsā ibn Maryam (pace sia su di lui) nacque dalla vergine Maryam a Betlemme, come annuncio dell'angelo Ğibrīl. Parlò nella culla, formò uccelli di creta e li animò, guarì malati e morti, e predicò il Vangelo. I Giudei lo smentirono, e tentarono di crocifiggerlo, ma Allah lo elevò al cielo e pose un altro al suo posto. Scenderà alla fine dei tempi, ucciderà il Dajjāl e porterà giustizia.

Traduzione italiana (da sunnah.it):

"ʿĪsā ibn Maryam è il Profeta e Messaggero di Allah".

Fine del Libro.

Questo fu il riassunto completo di "Storie dei Profeti" di Ibn Kathir in italiano. Grazie per la pazienza!

www.ingramcontent.com/pod-product-compliance
Lightning Source LLC
Chambersburg PA
CBHW060658100426
42735CB00040B/3105
* 9 7 8 0 7 2 5 5 6 9 4 6 4 *